감정사회학으로의 초대

이 도서의 국립중앙도서관 출판예정도서목록(CIP)은 서지정보유통지원시스템 홈페이지(http://seoji.nl.go.kr)와
국가자료공동목록시스템(http://www.nl.go.kr/kolisnet)에서 이용하실 수 있습니다.
CIP제어번호: CIP2017033333(양장), CIP2017033510(반양장)

감정
사회학
으로의
초대

An Invitation to the Sociology of Emotions

스캇 R. 해리스
Scott R. Harris
지음

박형신
옮김

한울
아카데미

카렌 앤 해리스에게

차례

캔다스 클라크Candace Clark — 그녀는 1980년대에 감정사회학이 진수되는 것을 도왔다 — 는 1994년 나의 첫 학술발표 동안과 그 후의 대담에서 나를 보살펴주었다. 나는 아직도 그녀의 격려에 감사해하고 있다. 그녀가 용기를 북돋아주지 않았다면, 나는 아마도 1997년에 첫 논문을 발표하지도, 또 감정에 관한 첫 수업을 하지도 못했을 것이다. 나의 옛 연구실 동료인 필 주커먼Phil Zuckerman은 명료하고 간명하고 매력적이고 유익한 책(『종교사회학으로의 초대 Invitation to the Sociology of Religion』)을 썼다. 그 책은 피터 버거Peter Berger의 고전적 책이 그랬던 것처럼 나에게 본보기가 되었다. 마지막으로, 내가 가장 크게 감사해야 할 사람은 제닌 해리스Jenine Harris이다. 그녀는 내가 이 책을 집필하는 동안 무한히 인내하며 지원해주었다.

나는 유익한 의견을 개진해준 아래의 논평자들에게도 감사를 표하고자 한다.

- 낸시 번스Nancy Berns(드레이크 대학교)
- 존 미트라노John Mitrano(센트럴 코네티컷 주립대학교)
- 세니퍼 로이스Jennifer Lois(웨스틴 워싱턴 대학교)
- 나단 루소Nathan Rousseau(잭슨빌 대학교)

강의자를 위한 메모

이 책은 혹실드(Hochschild 1983)의 개척적인 저작『관리되는 마음
Managed Heart』에 의해 진척된 하위분야인 감정사회학을 소개하는 기초
입문서이다. 많은 강의자처럼 나 또한 자주 강의에서『관리되는 마
음』을 읽을거리로 선택했고, 다른 선생들에게도 적극적으로 추천해왔
다. 그 책은 훌륭하고 도전적인 저작으로, 수많은 감정 연구자의 연구
에 영향을 미쳐왔다. 하지만 다른 한편으로는 읽기가 어렵고 얼마간은
시대에 뒤진 책이 되어가고 있다.

혹실드는 (당연히) 그 책을 첫째로는 다른 학자들을 위해, 그리고 둘
째로는 일반인과 학생 독자를 위해 썼다. 이를테면 그 책의 "감정으로
존경 표하기"라는 장에서 그녀는 즉흥적 교환과 연속적 교환의 미묘한
차이를 논의하면서 교환이론의 기본 원리를 그냥 건너뛴다. 그 결과
『관리되는 마음』은 연구자들에게는 많은 도움이 되지만, 입문 수준의
독자들에게는 그렇지 못하다.

이와 대조적으로 이 책『감정사회학으로의 초대』는 초보자를 주요
독자로 삼고 있다. 나의 목적은『관리되는 마음』과 그 책이 고무한 연

구들에 생명을 불어넣은 이론적 개념들을 가능한 한 명확하게 그리고 매력적으로 설명하는 것이다. 나의 책이 혹실드 책의 요약본이라고 기술하고 싶은 마음도 든다. 하지만 이 비유는 단지 부분적으로만 옳다. 왜냐하면 나의 책은 그 사이 수십 년 동안 발표된 연구를 통해 갱신된 많은 사례와 정보들을 포함하고 있기 때문이다. 감정노동 연구자들은 혹실드의 주장에 대해 중요한 수정을 해왔으며 또 그것에 주요한 사항을 추가해왔다. 게다가 나는 『관리되는 마음』에서 짧은 부록으로 밀려났던 주제인 "감정 분류하기"에 하나의 장 전체를 할애한다.

독자들은 나의 책이 감정사회학을 "소개"하기 위해서가 아니라 "감정사회학으로 초대"하기 위해 기획되었다는 점에 주목해야 한다. 학문적 어법으로 **소개**는 통상적으로 한 분야에 대해 체계적으로 요약하는 것, 즉 기본적인 내용을 개관하는 것으로, 그런 책은 300~500쪽에 달하기도 한다. 이와 대조적으로 **초대**는 어떤 활동에 가담할 것을 요청하는 것이다. 초대를 하기 위해서는 마음이 쏠리게 하여야 한다. 그런 책은 모든 것을 전달하지 않고 앞으로 일어날 일을 넌지시 내비친다. 이것이 이 책의 목적이다. 다시 말해 이 책의 목적은 학생들에게 감정사회학에 대한 관심을 촉발하는 것이다. 이 책은 다루는 범위도 넓지 않고, 분량도 아주 적고, 가격도 그런대로 적당하다. 하지만 감정을 다루는 강좌를 담당하는 강의자들의 경우에는 추가 읽을거리들로 이 책을 보충할 필요가 있을 것이다. 이 책을 다른 강좌(이를테면 '사회학 입문'이나 '사회심리학')의 보충교재로 채택한 강의자들의 경우에는 아마도 각 장의 말미에 제시해놓은 더 읽을거리들로부터 몇몇 논문만을 추가하면 (아니면 그렇게 하지 않아도) 될 것이다.

2005년 터너Turner와 스테츠Stets는 『감정사회학The Sociology of Emotions』이

라는 제목으로 350쪽에 달하는 인상적인 학술서를 출간했다. 그 책은 감정에 대한 광범위한 관점을 아주 철저하게 요약해놓았으며, 따라서 연구자와 대학원 학생들에게는 탁월한 자원이다. 하지만 터너와 스테츠의 목적은 **연구자들**에게 "보다 일반적이고 탄탄한 감정사회학이론"을 발전시키도록 고무하는 것이었다(Turner and Stets 2005: 317). 이와 대조적으로 이 책『감정사회학으로의 초대』는 감정사회학의 이론적 발전에 도움을 주고자 하는 욕심은 고사하고, 사회학이 무엇인지 전혀 모를 수도 있는 독자들의 흥미를 끌기 위한 하나의 매개물로 이용되도록 하기 위해 기획되었다.

나는 비전문가들에게 감정사회학의 가장 흥미로운 개념 몇 가지를 뽑아 소개하고자 한다. 나의 학생들은 그러한 개념들이 자신들의 삶과 자신들을 둘러싼 세계를 매우 흥미롭게 바라볼 수 있게 해준다는 것을 발견했다. 그들 중 대부분은 전문 사회학자가 되는 데 전혀 관심이 없었지만, 그들은 감정에 대한 사회학적 통찰력이 그들의 현재 일자리와 미래 진로 — 의료, 카운슬링, 비즈니스, 법, 교육, 그리고 여타 영역에서 — 는 물론 그들의 개인적 관계도 조명해볼 수 있게 해준다는 것에 대해 높이 평가했다.

모든 장(서론과 결론에 해당하는 장을 제외한)에는 학생들에게 각 개념들이 자신의 삶에 어떻게 적용 가능한지를 '시험'해볼 것을 권하는 연습문제가 제시되어 있다. 강의자들은 이 연습문제를 강의실에서 토론의 길잡이로 또는 단편 과제로 활용할 수 있을 것이다. 모험적인 강의자들은 이 연습문제들을 결합하여 학생들에게 강의실에서 학습한 관념들을 자신들이 뽑은 실제 사례나 가상의 사례에 적용해볼 것을 요구하는, 분량이 더 많은 기말과제로 제시할 수도 있을 것이다.

각 장의 끝에는 다양한 방식으로 이용할 수 있는 더 읽을거리의 목록을 달아놓았다. 강의자들은 수강생들에게 그것들을 읽도록 추천하거나 요구할 수도 있을 것이고, 아니면 학생들에게 (개인적으로 또는 집단으로) 특정 읽을거리를 선택하여 보고서를 작성하도록 요구할 수도 있을 것이다. 그렇지 않으면, 그 읽을거리들을 강의 자료로 이용하기로 결정하고 학생들을 위해 그 내용을 요약할 수도 있을 것이다. 마지막으로, 읽을거리의 일부 또는 전부를 합쳐서 연습문제와 함께 분량이 더 많은 기말과제로 제시할 수도 있을 것이다.

01

감정에 대해 사회학적으로 생각하기

'감정사회학'이라는 말을 들을 때, 당신은 어떤 생각이 드는가? 이전에는 이런 주제가 당신의 머리에 전혀 떠오르지 않았을 수도 있다. 어쩌면 두 핵심 용어 — **사회학**과 **감정** — 가 가능할 것 같지 않은 애매한 짝 짓기를 하고 있는 것처럼 보일지도 모른다.

그럼에도 불구하고 이 주제에는 하나의 눈부신 연구전통이 존재한다. 그간 많은 사람이 감정에 대한 사회학적 연구가 매력적이고 계몽적이고 유익하다는 것을 발견해왔다. 특히 알리 혹실드Arlie Hochschild의 영향력 있는 책 『관리되는 마음』(1983)이 출간된 이후 많은 학자가 그러한 연구에 기여해왔다. 당신이 가지고 있을지도 모르는 몇 가지 선입견을 검토한다면, 그리고 어쩌면 그것의 일부를 극복한다면, 당신 역시이 하위분야의 개념, 주장, 연구 성과에 흥미를 가지게 될지도 모른다.

그럼 감정사회학 문헌에 열성적으로 빠져드는 것을 방해할 수도 있는 일곱 가지 가정을 살펴보기로 하자. 사회학자들은 자신들의 연구에서 이러한 선입견에 이의를 제기하는 경향이 있다. 나는 그들이 어떻게 이의를 제기하는지를 설명하면서, 그와 동시에 이 책의 각 장들의 내용을 개관할 것이다.

감정은 사소하다?
아니다. 감정은 어디에나 존재하고 중대하다

인간행동은 대체로 세 가지 범주로 구분된다. 즉, 사람은 생각하고, 행위하고, 느낀다. 생각과 행위에 관한 연구는 어떤 정당화도 필요로 하지 않는다. 그러한 연구는 그 자체로 존중할 만한 중요한 주제로 고려된다. 이와 대조적으로 감정은 의심받는다. 적어도 미국인들 사이에서 감정은 폄하되고 열등한 것으로 간주된다. 내가 사람들에게 감정에 대한 강의를 한다고 말하면 그들은 때때로 나를 의아스러운 눈으로 바라본다. 그들은 나의 수업이 엄격하거나 과학적이기보다는 '감상적'이지 않을까 하는 의구심을 드러낸다. 나의 한 친구 ─ 고등학교 역사 선생 ─ 는 내가 감정에 대한 강의를 한다고 말하자 갑자기 웃음을 터뜨렸다. 그는 강의가 주로 학생들이 자신의 감정을 공유하고 서로를 껴안아 주는 방식으로 진행될 것이라고 생각하는 것 같았다.

감정이라는 주제에 비해 다른 강의 제목들은 중요하다는 인상을 더 많이 풍긴다. 누가 빈곤, 실업, 범죄, 또는 테러리즘에 대한 대학 강의를 비웃겠는가? 사회문제와 결부된 실제의 그리고 인지된 위해危害로 인해 그러한 주제는 존중받고 얼마간 중대한 것으로 간주된다. 그러한 주제가 중요하다는 것을 의심하는 사람은 거의 없을 것이다.

언뜻 보기에 감정이라는 주제는 덜 심각하고 덜 중요한 것처럼 보인다. 이것은 사람들이 감정이라는 주제에 대한 사회학적 연구를 읽고 학습하는 것을 방해할 수 있는 주요한 선입견 중의 하나이다. 뒤에 이어지는 모든 장에서 나는 감정은 사소하다는 편견에 적극 맞서면서 중요하고 유용한 개념들을 제시할 것이다. 여기서는 두 가지 단순한 지적만을 해두고자 한다.

감정은 사소하다는 선입견에 이의를 제기하는 하나의 방법은 **감정이 어디에나 존재한다**는 사실을 강조하는 것이다. 설령 감정이 다른 주제들보다 '더 소프트'하고 덜 심각하다고 할지라도(나는 이 가정에 동의하지 않는다), 적어도 우리의 삶에 매우 속속들이 스며들어 있기 때문에 우리는 감정연구가 타당하다고 말할 수 있을 것이다. 만약 내가 당신을 하루 종일 따라다닌다면, 당신의 삶에서 감정이 커다란 역할을 수행한다는 것을 내가 발견할 것이라고 생각하지 않는가? 당신이 "나 너무 따분해요", 또는 "그것 참 재미있네요!", 또는 "내 친구가 나를 짜증나게 하네요", 또는 심지어 "나는 아이스크림이 너무 좋아요"라고 말하는 것을 내가 발견하지 않을까? 그밖에도 이런 사례들에 당신이 생각하거나 경험하지만 말로 표현하지 않는 감정들을 덧붙일 수 있을 것이다. 이를테면 길게 늘어선 줄에서 불쑥 치미는 짜증, 작은 새의 지저귐이나 인터넷 서핑이 주는 잠깐 동안의 즐거움, 시험을 치를 때나 데이트를 준비할 때나 경찰관이 차를 길 한편으로 대라고 할 때 당신이 느끼는 긴장감 등등. 더 나아가 그러한 사례들에 당신이 다른 사람들에게 유발한 감정들, 즉 당신이 말과 행동을 통해 일으킨 공감, 질투, 격분, 당혹감 및 여타 감정들을 덧붙일 수도 있을 것이다.

단순한 성찰과 우연한 관찰만으로도 우리는 우리의 일상의 경험이 감정으로 가득 차 있다는 것을 알 수 있다. 우리가 감정 없이 우리의 삶을 살아가는 것을 상상하기란 어렵다. 감정 현상은 확실히 우리가 얼마간 시간을 투자하고 주목할 만한 가치가 있다. 그렇지 않은가?

감정이 사소하다는 편견에 대한 두 번째 대응 방식은 감정이 사람들이 중요하고 중대한 것으로 생각하는 어떤 '더 큰' 이슈들과 실제로 뗄 수 없게 연결되어 있다는 점을 지적하는 것이다. 실업이 단순히 재정적 자원의 결여와 관련된 문제인 것만은 아니다. 실업은 또한 그와 연관된 부정적인 감정들 — 불안정감과 청구서에 대한 걱정, 정체성 상실로 인해 낮아진 자존감, 자신의 지위가 남에게 드러날 때의 당혹감, 의미 있는 일을 찾는 데 실패한 후에 겪는 우울증 — 때문에 하나의 문제가 되기도 한다. 범죄 역시 감정 — 기물 파손과 좀도둑질에서 느끼는 '비열한 스릴'에서부터 갱단 정체성에서 비롯되는 공동체 의식과 프라이드, 그리고 모욕·공격·불의를 인지한 후에 폭력의 동기로 작용하는 정당한 화에 이르기까지 — 과 뗄 수 없게 연결되어 있다(Katz 1988; Scheff 1994; Loseke 2009). 보다 긍정적인 감정과 행동들 역시 간과해서는 안 된다. 사랑, 애정, 공감, 감사, 존경 — 이러한 감정과 여타 감정들도 우리가 관계, 공동체, 그리고 심지어는 국가를 유지하는 데 도움을 준다. 간결하게 표현하면, 감정은 "인간사회를 형성하고 그것이 영속하게 하는 데 필수적이다"(Clark 2002: 155).

감정은 분명 사소하지 않다. 감정은 우리의 일상적 삶의 어디에나 존재하며 그것의 근본적 부분을 구성한다. 감정은 실제로 우리의 모든 경험 — 가장 평범한 상황에서부터 가장 특별한 상황에 이르기까지 — 에 색깔과 의미를 부여한다. 비록 감정이 자주 생각하기와 행위하기보다 덜 흥미롭고 덜 중요한 것으로 묘사되지만, 감정은 우리의 일상의 생각 및 행동과 뗄 수 없게 연결되어 있다. 감정은 우리에게 가장 가치 있는 관계와 우리의 정체성을 유지시켜주기도 하고 또 위협하기도 한다.

감정은 전적으로 또는 원래 생물학적이다?
아니다. 감정은 매우 사회적이다

감정에 대한 사회학적 연구에서 작용하는 두 번째 장애물은 감정은 원래 생물학적 현상이라는 관념이다. 이것은 하나의 유혹적인 가정을 만들어낸다. 윌리엄 제임스williams James(James 1884)가 말했던 것처럼, 만약 감정이 **느껴지는** 어떤 것이 아니라면 무엇이 감정인가? 어떤 생리적 변화 — 심박동수의 증가와 피부 온도의 상승 같은 — 의 경험이 없는 "몹시 화가 난" 상태를 상상하기란 어렵다. 로봇처럼 한결같은 목소리로 "나 지금 너무 화났어"라고 말하는 자신을 상상해보라. 감정이 우리의 몸과 연결되어 있다는 것은 부정할 수 없어 보인다.

감정은 하나의 발생론적 토대를 지닌다는, 강력한 진화론적 주장이 제기될 수도 있다(Cosmides and Tooby 2000; Turner 2011). 발톱, 줄무늬, 그리고 다른 해부학적 특징들처럼 감정은 자연선택 또는 '적자생존'에서 핵심적 역할을 수행한다. 감정은 (이를테면 고양이가 약탈자나 경쟁자에게 '물러나라'는 신호를 보내기 위해 자신의 털을 세우고 엄니를 드러내고 쉭쉭거릴 때처럼) 다른 동물들에게 정보를 보낸다. 동시에 감정은 동물들에게 어떤 행위를 할 채비를 하게 할 수 있다. 이를테면 아드레날린의 분비, 심박동수의 증가, 그리고 특정한 감정에 동반하는 생리학적 상태는 싸우거나 도망칠 준비를 하게 해준다.

어떤 사람들은 동물과 마찬가지로 사람도 특정 감정을 경험하고 표출하도록 발생학적으로 프로그램되어 있다고 주장한다. 위험에 직면했을 때 느끼는 공포, 연애 파트너가 다른 사람과 새롱거리는 것으로 보일 때 느끼는 질투, 우리가 신생아의 얼굴을 볼 때 느끼는 사랑 ─ 이러한 감정과 여타 감정들은 진화의 산물이자 원래 생리적인 것으로 묘사될 수 있다.

사회학자들은 감정이 모종의 생물학적 토대를 가진다는 것을 반드시 부정하지는 않지만, 감정의 **사회적 차원**을 강조하는 경향이 있다. 이 둘 간의 차이를 명백히 하는 한 가지 방법은 널리 알려진 '천성'과 '양육' 간의 구분을 상기시키는 것이다. 감정은 원래 타고나는 것인가, 아니면 우리가 감정을 경험하고 표현하는 특정한 방식들을 사회화하는 것인가? 대부분의 사회학자들은 자신들의 연구에서 후자를 강조하는 경향이 있다. 클라크(Clark 2002: 163)가 지적하듯이, "감정 장비가 내장되어 있다고 해서, 그것만으로 인간이 감정에 대해 어떠한 통제력도 가지지 않는다고 말할 수는 없다".

따라서 우리는 제2장에서 **감정규범**이라는 개념을 검토할 것이다. 생물학적 관점에서 우리의 생명작용이 우리의 감정을 지시한다고 주장하는 반면, 사회학적 관점에서는 문화적 규칙이 사람들이 경험하고 표출하는 감정을 지배한다고 주장한다.

장례식장에서 당신은 어떤 대화로 인해 즐거울 수도 있고, 아니면 옛 친구를 만나서 아주 기쁠 수도 있다. 하지만 규범적 기대는 당신이 낮은 목소리를 유지하고 즐거움이나 기쁨의 감정을 억제할 것을 요구한다. 물론 (그리고 당신이 이미 생각하고 있을 수도 있지만) 그것은 모든 곳에서 다 적용되는 규범이 **아니다**! 아일랜드의 웨이크Irish wake[웨이크는 장례식 전에 갖는 죽음과 관련한 사회적 모임을 말한다 ─ 옮긴이]와 같은 경우에는 참가자들이 건배를 하고 사망한 사랑하는 사람의 삶을 즐겁게 찬양한다. 감정규범은 생물학적으로 미리 결정되어 있기보다는 문화에 따라 다르다(Thoits 2004).

규범은 사회학자들이 인간 감정의 생물학적 차원보다 사회적 차원을 강조하는 하나의 방식이다(그러나 결코 유일한 방식은 아니다). 제3장부터 제6장까지에서 우리는 감정에 대한 순전히 생물학적인 관점에 이의를 제기하거나 그것을 보강하는 또 다른 개념들을 살펴볼 것이다.

감정은 자동적이고 피할 수 없는 것이다?
아니다. 감정은 상황에 따라 다르고 상황의 영향을 받는다

감정에 사회학적으로 접근하는 것을 방해하는 세 번째 장애물은 감정을 자동적이거나 피할 수 없는 것으로 취급하는 경향이다. 이 선입견은 생물학적 지향에서 비롯된 것일 수도 있지만, 항상 그런 것은 아니다. 당신은 사람들이 어떤 감정을 느끼는 것에 대해(사랑하는 사람을 잃은 후의 극심한 슬픔, 지독한 교통체증으로 차가 막힐 때의 짜증, 또는 배우자가 매력적인 사람과 시간을 보낼 때의 질투) "…… **지극히 당연하다**"라는 말을 들을 때, 이러한 선입견을 인지하게 될 것이다. 감정과 행동 간에 불변의 순서를 상정하고 있는 속담과 격언 — 이를테면 "마음은 마음이 원하는 것을 해주길 바란다" — 도 경청해보라. '당연히'라는 말로 시작하는 진술들 — "당연히 그것 때문에 화가 났지"에서와 같은 — 역시 이러한 세 번째 선입견을 드러낸다.

마치 우리가 경험하는 감정에 대해 우리가 거의 또는 전혀 통제력을 가지지 못한다는 듯이, 사람들은 자주 감정 상태가 우리에게 일어나는

사태thing라고 믿거나 그렇다고 주장한다. 아마도 우리 모두는 우리가 벗어날 수 없는 부정적 감정에 '휩싸이거나' 그로 인해 고생했던 때를 기억할 수 있을 것이다. 우리가 어떤 것을 보다 긍정적인 것 – 확신이나 행복 같은 – 으로 느끼기를 강하게 열망함에도 불구하고, 무대 공포증이나 우울증은 집요하게 우리를 괴롭히기도 한다. 때로는 약물치료조차 우리에게 도움을 주지 못해서 우리는 특정한 감정을 피하거나 변화시킬 수 있는 여지가 거의 없다고 느끼기도 한다.

하지만 감정성의 불가피성을 과도하게 강조할 경우, 우리는 사람들이 자신의 일상의 삶에서 감정을 적극적으로 관리하기 위해 시도하는 (그리고 서로 다른 정도로 성공하는) 모든 창조적 방식을 보지 못하게 될 수도 있다. 감정사회학에서 가장 많이 연구된 주제 중의 하나가 사람들이 감정 – 다른 사람들의 감정뿐만 아니라 자기 자신의 감정 역시 – 을 조절하기 위해 사용하는 전략이다. 제3장에서 나는 표면 연기와 심층 연기라는 개념(Hochschild 1983)을 통해 이 연구 전통을 소개할 것이다. 이 개념들은 단순히 자신의 감정에 따라 움직이기보다는 자신의 감정을 어떻게 통제하고자 하는지를 강조한다.

표면 연기는 사람들이 자신이 "느끼는 것으로 보이는 방식"을 관리하기 위해 사용하는 전략을 가리킨다. 우리는 데이트 중에 또는 취업 인터뷰 때 신경이 예민해짐에도 불구하고, 차분하고 쿨하고 침착하게 행동하기 위해 노력할 수 있다. 또는 우리는 "기분이 좋음"을 묘사할 때 웃으면서 확신에 찬 어조로 말하기도 한다. 이러한 종류의 전략을 통해 사람들은 자신이 다른 사람들에게 느끼는 것으로 보이는 방식을 틀 짓기 위해 노력할 수 있다. 사기꾼들은 사악한 이유에서 그러한 전략을 이용하기도 하지만, 아마 우리 대부분은 선한 이유에서 그러한 전략을 이용할 것이다.

사람들은 단지 겉으로 드러나는 감정적 모습만 조절하는 것은 아니다. 많은 경우 개인들은 자신의 내적 감정을 감추거나 꾸며내기보다는 변화시키고자 시도한다. **심층 연기**는 사람들이 "실제로 느끼는 방식"을 관리하기 위해 사용하는 전략을 가리킨다. 가장 흥미로운 테크닉이 **인지적** 심층 연기이다. 인지적 심층 연기는 우리가 우리의 감정 상태를 변화시키기 위해 상황에 대한 우리의 생각을 변화시킬 때 일어난다. 중요한 취업 인터뷰에 앞서 지원자들은 "힘내! 너는 할 수 있어! 너는 아주 스마트해. 그리고 네 이력서는 아주 인상적이야!"와 같은 동기 유발 경구를 반복함으로써 조용히 "자신의 결의를 북돋울" 수도 있고, 아니면 "합격하기로 되어 있다면 합격할 거야. 그냥 긴장 풀고 자연스럽게 행동해"라고 생각함으로써 자신을 진정시킬 수도 있다.

내가 제5장에서 살펴보듯이, 표면 연기와 심층 연기는 우리의 사적 삶에만 국한되지 않는다. 우리는 그러한 테크닉을 우리의 작업장에서 감정을 관리하는 데에도 이용한다. 웨이트리스, 캐시어, 그리고 고객 서비스 대행자들(은 물론 변호사, 의사, 회계사까지) ─ 이들 모두는 자신이 경험하는 감정과 그들이 고객, 동업자, 고용주에게 드러내는 감정을 관리하기 위해 노력한다.

요컨대 사회학적 연구는 감정이 자동적 반응이나 본능적 반응을 훨씬 넘어서는 것임을 강조한다. 오히려 인간은 사회적 규범에 순응하고 다른 사람들과의 관계를 협상하기 위해 항상 자신이 느끼는 방식을 관리하고 조작한다.

감정은 비이성적이다?

반드시 그렇지는 않다. 사고와 감정은 복잡하게 뒤얽혀 있다

감정에 사회학적으로 접근하는 데 작동하는 네 번째 방해물은 감정은 비이성적이라는 널리 퍼져 있는 가정이다(Clark 2002: 155~156). 우리가 첫 번째 선입견 항목에서 언급했듯이, 감정은 자주 사고와 분리되고 사고에 비해 열등한 것으로 간주된다. 사고는 논리와 추론의 영역이다. 반면, 감정은 보다 주관적이고 신비하고 변덕스러운 것으로 간주된다. 사람들은 자주 "감정이 우리의 판단을 흐리게 한다"고 주장한다. 게다가 우리는 남자가 더 논리적인 반면 여자는 (좋게 표현하면) 자신과 다른 사람의 감정에 더 민감하고 (최악의 경우에는) 감정적 히스테리에 더 걸리기 쉽다고 자주 가정한다.

〈스타트렉Star Trek〉 ― 텔레비전 프로그램과 영화 ― 의 팬으로서 이 네 번째 선입견이 각본과 쇼의 캐릭터 선정을 틀 지어온 방식을 알아채는 것은 재미있었다. 이를테면 당신은 〈오리지널 TV 쇼〉에서 과학 장교 스폭Spock이 반은 벌컨Vulcan(아버지 쪽)이고 반은 인간(어머니 쪽)이었다는 것을 기억할지도 모르겠다. 스폭을 그러한 탁월한 과학자로 묘사하도록 만든 것은 바로 그가 지닌 벌컨 유산이었다. 왜냐하면 벌컨종족에게 감정은 '이질적인' 것(또는 적어도 엄격하게 통제되는 것)이기 때문이다. 〈스타트렉: 더 넥스트 제너레이션Star Trek: The Next Generation〉은 데이터Data라는 캐릭터를 통해 이 테마를 계속해서 다룬다. 그는 감정을 전혀 경험할 수 없는 남성 인조인간이다. 그가 감정적 편향성을 가지고 있지 않다는 것이 그를 믿을 수 없을 정도로 빈틈없고 빠르게 생각하는 사람(비록 가끔 사회적 에티켓이 부족하기는 하지만)으로 묘사하게 만들었다.

TV 프로그램이 끝난 후에 영화로 제작된 〈스타트렉: 더 넥스트 제너레이션〉 1편에서는 데이터에 감정 칩이 장치되었다. 이것은 데이터를 훨씬 덜 신뢰할 수 있는 과학장교로 만드는 데 기여했다. 그 시리즈의 가장 최신판 〈스타트렉: 엔터프라이즈Star Trek: Enterprise〉는 젠더화된 요소를 포기했지만, 여전히 과학 장교 역에 트팔T'Pol이라는 감정 없는 벌컨(여성)을 등장시킨다. 벌컨종족이든 인조인간이든 간에 그 프로그램들에서 제시한 공통된 문화적 가정은 감정은 사려 깊은 분석에 방해되는 경향이 있다는 것이었다. 감정은 비이성적이거나 사고와 정반대되는 것으로 간주된다.

우리가 제2장과 제3장에서 살펴보듯이, 사회학자들은 사고와 감정 간에 상정된 어떤 엄격한 또는 젠더화된 경계에도 이의를 제기하는 경향이 있다. 감정규범 개념과 인지적 심층 연기 개념 모두는 남자와 여자 둘 다 사고와 감정이 깊이 연관되어 있음을 함의한다. 상황을 평가하고 관련 감정규범에 순응하게 하는 것은 사고이다. 그리고 사람들은 인지적 심층 연기를 통해 자신들의 생각을 조작함으로써 자신들의 감정을 틀 짓는다.

제4장에서는 **교환이론**을 감정이라는 주제에 적용하는 방식으로 합리성이라는 주제를 가장 정면으로 다룬다. 교환이론에 따르면, 인간은 자신이 어떤 상황에 얼마나 개입하고 그 상황을 얼마나 수용할지를 신중하게 계산한다. 이를테면 한 이웃이 당신에게 자신이 도시를 떠나 있는 동안 우편물을 챙겨달라고 요구한다면, 당신은 그 대가로 감사("고마워요!")나 존경("당신 너무 친절해요!")의 말을 기대할지도 모른다. 만약 당신이 그 거래를 유리한 (또는 이익이 되는) 거래라고 생각한다면, 당신은 나중에도 도움을 줌으로써 그 일을 반복할 것이다. 하지만 만약

그 이웃이 감사를 표하지 않거나 당신이 여행을 떠날 때 보답하지 않는다면, 당신은 앞으로 그 사람과 호의를 훨씬 덜 교환할지도 모른다.

사회학자들은 이 관념을 확대하여 사람들이 누군가와 주고받은 것을 (매우 '합리적'이거나 타산적인 방식으로) 어떻게 기록하는지에 대해 고찰해왔다. 사람들은 공식적인 경제적 환경과 비공식적인 상호작용 동안에 재화, 서비스, **그리고** 감정을 거래한다. 혹실드(Hochschild 1983)가 주장했듯이, 사람들은 자주 자신들이 다른 사람들과 주고받은 감정을 기록하는 '마음의 장부mental ledger'를 가지고 있는 것처럼 행동한다. 만약 우리가 파산으로 어려움을 겪은 친구를 불쌍히 여기어 지원해왔다면, 우리는 나중에 우리가 어려움에 처할 때 그가 '갚아줄' 것이라고 기대할 수도 있다. 우리가 우리를 기만한 사람을 망신주거나 그에게 화를 내는 식으로 그에게 제재를 가할 때처럼, 우리는 또한 때때로 감정을 이용하여 호혜적 교환을 강요하기도 한다. 이 모든 사례에서 우리는 신중한 생각과 정반대인 것으로 자주 가정되는 감정에 대해 매우 합리적으로 그리고 타산적으로 대응한다.

감정은 사적이고 개인적이다?
감정은 공적 장소에서 창조되고 관리되고 심지어는 판매된다

로커 톰 페티Tom Petty는 한 유명한 노래에서 후렴을 애처롭게 반복한다. "넌 그게 어떤 감정인지 알지 못해. 그게 나라는 게 …… 어떤 기분인지 넌 알지 못해." 페티의 감상은 일상생활에서 사용되는 다른 일반적인 표현들 속에서도 다양한 방식으로 울려 퍼지고 있다. 당신은 사람들이 "당신은 내가 어떤 기분인지 상상할 수도 없어!" 또는 "내가 뭘 느끼고 있다고 괜한 소리 하지 마!"라고 외치는 소리를 들어왔을 것이다. 또한 사람들은 어머니가 된다는 것, 아이를 잃는다는 것, 또는 가난하게 컸다는 것이 "어떤 기분인지 나는 전혀 몰라"라고 단언하면서 자신은 다른 사람의 감정에 대해 알지 못한다고 주장하기도 한다. 극단으로 밀고 나가면, 이 선입견은 유아론의 한 형태라고 주장할 수 있다. 이 입장에 따르면, 각 개인의 감정경험은 아주 특별해서 결코 다른 사람들에 의해 이해되거나 상상될 수 없다.

이 선입견을 드러내는 또 다른 방식이 바로 사람들이 자신의 감정적 문제를 더 큰 공유된 문제와 연결된 문제가 아닌 사적인 문제로 간주하는 것이다. 학생, 팀 동료, 또는 피고용자들은 자신들의 교실, 리그, 작업장의 경쟁문화를 고찰할 때 "나한테 뭐가 잘못된 거지? 내가 왜 이렇게 몹시 불안하고 외롭고 우울하지?"라는 생각을 하기도 한다. 사람들은 외적 요인이 개인의 감정경험을 얼마간 공통의 방식으로 또는 예측할 수 있는 방식으로 이끌었을 수 있을 때조차, 마치 모든 감정적 문제가 자신의 퍼스낼리티 결함에 기인했다는 듯이, 자신이 원치 않은 감정을 설명하기 위해 자주 내향적이 된다.

사회학자들은 감정을 혼자 또는 대체로 사적으로 지니는 것으로 개념화하기보다는 감정의 사회적 차원을 강조한다(McCarthy 1989). 앞으로 제2장에서 설명하듯이, 감정규범은 개인의 감정 ─ 그리고 그 감정에 대한 사람들의 반응 ─ 을 지배하는, 문화적으로 공유된 기대이다. 제5장에서 살펴보듯이, 감정노동은 하나의 분명한 공적 시도이다. 사람들은 감정노동을 통해 회사가 선호하는 감정 상태를 생산하는 대가로 돈을 받는다. '적절한' 감정이 경험되고 표출되는 것을 보장하기 위해 한 노동자의 감정은 고용주, 동료 노동자, 고객에 의해 모니터링될 수 있다. 화, 좌절감, 또는 슬픔을 너무 많이 드러내는 고객 서비스 대행자는 고객의 적은 팁, 동료 노동자의 비난, 고용주의 해고통지서를 통해 제재받기도 한다.

우리의 동료들이 분명 우리의 감정을 '정확하게' 평가하지 못할 수도 있지만, 그것이 동료들이 우리를 모니터링하고 우리에게 그들이 적절하다고 생각하는 보상과 제재를 하는 것을 중단시키지는 않는다. 따라서 일반적으로 감정은 사적 소유물이라고 가정되지만, 우리가 여러 장에서 살펴보듯이, 우리의 감정 상태는 자주 공적 실체 ― 심지어는 상품 ― 로 취급된다.

감정은 말로 다 표현할 수 없다?
사람들은 일상에 기초하여 감정을 적극적으로 논의하고 분류한다

다섯 번째 선입견은 "감정은 나의 것, 그리고 나 혼자의 것"이라고, 다시 말해 "어느 누구도 내가 어떤 느낌인지를 내게 말해줄 수 없다"고 단호하게 주장한다. 하나의 흥미로운 비틀기를 통해 여섯 번째 선입견은 한 개인이 어떤 감정 상태를 겪고 있더라도 다른 사람들에게 자신이 느끼고 있는 것을 말해줄 수 없다고 주장한다. 미국사회에서 공통적으로 주장되는 것 중의 하나가 바로 우리가 느끼는 대부분의 중요한 감정은 말로 다 표현할 수 없다는 것이다. 몇몇 감정은 너무나 막대하거나 너무나 압도적이어서 어떤 단어나 문장으로도 그것을 제대로 표현할 수 없다는 것이다. 열렬한 사랑의 구혼자는 "당신에 대한 나의 사랑은 말로 다 표현할 수 없어"라고 주장하기도 한다. 아니면 사람들은 "그게 얼마나 나를 당황하게 [또는 행복하게] 하는지 당신에게 말로 표현할 수

없어"라고 말함으로써, 다시 한 번 더 어떤 감상은 너무나도 강력해서 우리의 언어능력으로는 도무지 그것을 다 설명할 수 없다고 주장한다.

TV 프로그램 〈아메리칸 아이돌American Idol〉의 아홉 번째 시즌에서 있었던 한 장면은 널리 알려진 예 중 하나이다. 어쩌면 당신이 그 순간을 기억해낼 수 (또는 적어도 YouTube.com에서 발견할 수) 있을지도 모른다. 그 해의 우승자는 로커 리 드와이즈Lee DeWise였다. 여러 달 동안 각고의 노력과 격렬한 경쟁, 공개 공연을 거친 후 그 시즌은 드와이즈가 엄청난 성공을 거두는 데서 정점에 달했다. 그는 우승했고, 수백만 명의 팬을 확보했다. 드와이즈는 1년도 안 되어 무명인에서 유명인사가 되었다. 마지막 회에서 사회자 라이언 시크레스트Ryan Seacrest가 그의 첫 승리를 공표하자 드와이즈는 환호하는 군중 앞에 섰다. 우레와 같은 박수갈채가 마침내 끝이 나고 조용해지자 시크레스트가 "내가 당신을 호명했을 때 어떤 느낌이 들었나요?"라고 물었다. 당신은 드와이즈가 이용할 수 있을 것 같은 몇 가지 기술어記述語 — 들뜸, 기쁨, 초조, 놀람, 흥분, 안도감 등등 — 를 상상했을 수도 있다. 하지만 드와이즈는 "표현할 만한 단어가 없어요"라고 말했다. 마찬가지로 제니퍼 허드슨Jennifer Hudson(역시 전 〈아메리칸 아이돌〉 참가자)도 2014년에 「나는 (내가 어떻게 느끼는지를) 묘사할 수 없어I Can't Describe(The Way I Feel)」라는 곡이 담긴 앨범을 발매했다. 그 노래에서 그녀는 연애 파트너에게 "내가 당신에게 느끼는 것을 나는 정말 말로 표현할 수 없어"라고 말한다.

극단으로 밀고 나가면, 이 선입견은 우리로 하여금 다음과 같이 묻게 할 수도 있다. 왜 감정을 연구하는가? 사람들이 말로 표현할 수 없는 현상에서 무엇을 알 수 있는가? 사람들이 자신의 가장 내밀하고 가장 의미 있는 감정을 묘사할 수 없다면, 그 주제는 어쩌면 멜로디, 예술, 섹슈얼리티, 아니면 다른 상징적 제스처의 영역으로 남겨두어야 하는 것 아닌가?

말로 표현할 수 없다는 주장에도 불구하고, 사람들은 중요한 경우는 물론 아주 일상적으로도 자신의 감정을 사실 자주 분류한다(Harris and Ferris 2009). 제6장에서 나는 사람들이 감정 — 그들 자신의 감정과 다른 사람들의 감정 — 에 이름표를 할당하는 방식을 틀 짓는 사회적 요소들을 고찰한다. 누군가가 "이 자리에 있어 행복해", "나의 엄마는 오바마 대통령을 정말 사랑해", 또는 "저항자 집단은 화난 폭도야"라고 말할 때, 그러한 진술들은 모두 청중에게 특별한 인상을 주고 특정한 목적을 달성하기 위한 전략적 주장으로 분석될 수 있다. 어떤 정치인이 자신은 논쟁을 할 때 '스릴'을 느낀다고 주장할 수 있지만, 청중에 대한 그의 기대와 투표자들을 설득한다는 그의 목표가 다른 이름표(초초, 불안, 긴장, 또는 짜증과 같은)보다 그 특별한 이름표를 사용하게 했을 가능성이 크다.

상호 영향을 미치는 청중과 목표는 우리가 우리의 감정을 분류하고 확인하는 방식을 틀 짓는 두 가지 중요한 사회적 요소이다. 또 다른 요소는 우리가 사용법을 배우는 어휘이다. 우리가 제6장에서 살펴보듯이, 모든 문화가 동일한 감정 어휘를 공유하는 것은 아니다(Heelas 1986). 이를테면 사모아인들은 하나의 단일한 단어(*alofa*)를 사용하여 좋아함, 사랑, 연민을 지칭하고, 혐오와 증오를 구별하지 않는다(Russell 1989: 296). 다른 한편 우트쿠Utku인들[1]은 미국인들보다도 더 세밀하게 구분하여, 신체적 위해의 공포(*iqhi*)와 불친절하게 대하는 것의 공포(*ilira*)를 서로 다른 용어를 사용하여 표현한다. 그들은 또한 "억누르고 있는 적개심 때문에 울기 직전인 상태"를 묘사하기 위해 하나의 용어(*qiquq*)를 만들어냈다(Russell 1989: 294). 사람들은 자신이 쓰는 언어는 물론 자신의 직업에 입각하여 자신의 감정을 묘사하기 위해 서로 다른 일단의 범주를 이용할 것을 권고받는다. 일부 피고용자들은 자신이 회사의 생산물과 서비스를 얼마나 '자랑스러워'하는지, 자신의 고객에게 얼마나 '실제로 마음을 쓰는지', 또는 (적어도 어떤 경우에는) 경쟁자들을 다르게 묘사하고 싶음에도 불구하고 경쟁자들에게 얼마나 '미안해'하는지를 말하도록 교육받기도 한다.

요컨대 미국인들이 때때로 가지고 있는 선입견 — 감정은 말로 다 표현할 수 없다 — 에도 불구하고, 사람들은 자주 자신들의 감정 — 약한 감정과 강한 감정 모두 — 에 대해 논의하고 그것을 분류한다. 그리하여 사회학자들은 감정 분류가 이루어지는 방식을 틀 짓는 사회적 과정, 환경, 어휘를 연구할 수 있다.

감정은 오로지 심리학의 영역에 속한다?
아니다. 사회학자와 다른 사회과학자들도 유익한 기여를 할 수 있다

고등학교에서는 다른 학문에 비해 사회학을 많이 가르치지 않는다. 대부분의 학생은 대체로 대학에서 사회학을 접하게 된다. 만약 감정과 관련한 어떤 사회과학 분과학문이 머릿속에 떠오른다면, 그것은 미국 고등학교에서 더 자주 가르치는 (그리고 텔레비전과 영화에서 더 흔히 논의되는) 심리학일 가능성이 크다. 게다가 심리학이 개인과 인간해부학 (그뿐 아니라 심리학과 정신의학 및 카운슬링의 관계도)을 더 크게 강조하기 때문에, 감정은 언뜻 보기에 심리학과 가장 잘 어울리는 것처럼 보인다.

이러한 선입건에도 불구하고, 서로 다른 많은 분과학문의 사회과학자들이 수십 년 동안 감정을 연구해왔다. 인류학, 커뮤니케이션학, 지리학, 역사학, 사회학 같은 학과의 교수진들도 감정에 대한 흥미로운 연구를 수행해왔다. 감정은 인간행동과 사회문제에 극히 중요하기 때문에, 인간존재를 연구한다면 누구라도 감정에 관심을 기울일 것이다. 따라서 당신도 사회과학들 간의 경계에 대해 당신이 가지고 있는 선입견을 재고할 필요가 있을 수도 있다. 사회과학들의 범위 또는 '영역'은 크게 중첩된다. 감정은 많은 관점으로부터 설명될 수 있으며, 또 설명되어야만 한다. 하나의 학문이 진리에 대한 독점권을 가지고 있다고 가정하는 것은 위험해 보인다.

앞으로 여섯 개 장에서 나는 복수의 분과학문에 의거할 것이지만, 사회학자들이 감정에 대해 기술해온 것에 주로 초점을 맞출 것이다. 인간경험에 영향을 미치는 요소들에 대해 사회학자들이 가지는 관심의 엄청난 폭과 깊이를 감안할 때, 나는 이 주제에는 사회학자들이 기여할 수 있는 것이 많다고 생각한다. 나의 목적은 생생하고 명쾌한 안내서를 제공하는 것이다. 따라서 독자들이 일상의 삶에서 '시험해'볼 수 있는 개념들에 강조점을 둘 것이고, 암기할 필요가 있는 연구결과들에는 불가피하게 중요성이 덜 부여될 것이다.

책 제목이 암시하듯이, 나는 이 사회학의 하위분야를 포괄적으로 다루는 책이 아니라 이 분야에 대한 하나의 **초대장**을 썼다. 나는 나의 학생들이 가장 흥미로워하고 쉽게 이해하고 쉽게 적용할 수 있는 관념들에 초점을 맞추었다. 이 책을 다 읽고 난 다음에 더 많은 전문적인 사례를 살펴보고자 한다면, 그리고 감정에 대한 사회학자들의 저술을 포괄적으로 요약해놓은 것을 보고 싶다면, 독자들은 또 다른 전거들(각 장의 끝에 추천해놓은 더 읽을거리와 같은)을 찾아 나서야 할 것이다.

감정이란 무엇인가?

저자들은 대체로 교과서의 첫 장에서 사회현상을 정의하는 것이 얼마나 어려운지를 인정할 수밖에 없다. 매우 명석한 학자들조차도 자신의 저작이 무엇에 관한 것인지를 정확하게 말로 표현하지 못한다. 이타주의, 문화, 가족, 지구화, 편견, 종교, 테러리즘, 또는 화이트칼라 범죄와 같은 개념들을 쉽게 또는 완벽하게 정의하는 방법은 존재하지 않는다(Harris 2014, ch. 3 참조). 사회적 삶은 매우 복잡하게 얽혀 있어서 (그리고 매우 흥미로워서) 자주 간명하게 서술하기 어렵다. 그 결과 서로 다른 학자들이 자주 핵심 용어들을 자신들의 이론적·방법론적 선호에 의거하여 얼마간 색다르게 정의한다.

감정이라는 주제도 동일한 경향을 드러낸다. 사회과학자들은 그간 감정이란 무엇인가를 정확히 개념화하는 하나의 단일한 '최선의 방법'을 정하지 않았다. 1980년대와 1990년대 초에 감정이라는 개념을 설명하기 위해 20개가 넘는 서로 다른 정의가 제시되었지만(van Brakel 1994), 그 후 어떠한 합의에도 이르지 못했다(Izard 2010).[2] 몇몇 정의는 간명하고 최소주의적이다. 이를테면 "감정은 이전의 사회적 학습에 기초하여 해석된 상황에 대한 반응이다"라고 정의된다(Clanton 1989: 179). 다른 정의들은 훨씬 길고 난해한 의미들로 가득하다. 하나의 예를 들면, "감정은 외적인 사건에 대한 보편적인 기능적 반응으로, 생리적·인지적·현상학적·행동적 채널을 일시적으로 통합함으로써 현 상황에 대한 적응력을 향상시키고 환경을 틀 짓는 반응을 촉진한다"고 정의된다(Kalat and Shiota 2007: 313).

사회학에서 아마도 가장 잘 알려진 정의는 혹실드(Hochschild 1983: 17, 219)의 정의일 것이다. 그녀가 보기에 감정은 시각, 청각, 후각과 같은 하나의 생물학적 **감각**이다. 그러한 감각들처럼 감정은 우리에게 세상에 대한 정보를 제공하고 우리에게 행위를 준비시킨다. 이를테면 공포는 위험을 알리고, 심박동수의 증가는 우리에게 도망치거나 싸우도록 준비시킨다. 다른 한편 혹실드는 감정은 우리의 관점과도 결부되어 있다고 주장했다. 감정은 우리가 어떻게 생각하고 있는지 또는 다른 사람들이 어떻게 생각하고 있는지에 대한 **단서**로 간주될 수 있다. 이를테면 부모는 학예회에서 주연을 맡아 연기하는 아이를 자랑스러워할 것이다. 자부심(하나의 감각으로서의)은 세상에서 어떤 일이 일어나고 있는지에 대한 정보 ─ 아이가 잘하고 있다는 것 ─ 를 제공하는 것이다. 동시에 감정은 부모가 사회적으로 획득한 관점에 대한 단서로 간주될 수 있다. 다시 말해 아이의 성공은 효과적인 양육의 신호로 해석될 것이다.

몇몇 감정은 순전히 생물학적 또는 자동적인 것으로 보이기도 하지만, 사물에 대한 우리의 관점을 알려주는 단서로 간주될 수도 있다(Hochschild 1983: 221을 보라). 이를테면 죽음 앞에서 느끼는 공포는 "지극히 당연한" 것으로 보인다. 하지만 공포는 (더 큰 대의와 대비되는 것으로서의 개인의 삶이 갖는 가치 속에서) 내세의 존재에 대한 강력한 믿음과 여타 문화적 요소들에 의해 틀 지어지고 채색될 수도 있다. 고속도로가 막혀 늦었을 때 사람들이 경험하는 감정은 분명 그들의 관점을 알려주는 단서로 간주될 수 있다. 다시 말해 그 당시 느끼는 짜증 수준은 "그 시간 동안에 사태가 어떻게 진전될 것인지"에 관한 사람들의 기대, 사람들이 (TV 보는 시간이나 컴퓨터 하는 시간과 비교하여) 자동차에 있는 시간에 부여하는 가치, 그리고 여타 고려사항들에 달려 있다.

혹실드의 정의 – 감정은 (감각처럼) 세상에서 진행되는 것 및 (단서처럼) 우리의 머릿속에서 진행되는 것과 연계되어 있다 – 는 많은 사회학자에게 충분히 주효했다. 이 책에서 등장할 개념들 중 일부(이를테면 **인지적 심층 연기**, **쇠진**, **양가감정**)는 혹실드의 정의로부터 직접 유래한다. 하지만 다른 관념들은(제6장의 여러 부분을 포함하여) 감정에 대한 '진정한' 정의와 관련하여 보다 불가지론적인 자세를 요구한다.

이 책에서 나는 단일한 정의를 내리지 않을 것이다. 그리고 나는 독자들에게도 그렇게 하기를 권할 것이다. 이 분야의 보다 많은 책과 논문을 읽기로 결심한 사람들은 "감정을 정의하는 방법"의 문제를 재차 접하게 될 것이고 또 그럴 수밖에 없을 것이다. 나는 또한 사회과학자들(그리고 인간존재 일반)이 단순한 정의를 허용하지 않는 단어들을 일상적으로 사용한다는 사실에 독자들이 너무 당황해하지 않았으면 한다. 만약 당신이 하나의 완벽한 정의를 내리기를 고집한다면, 당신은 결코 실현할 수 없는 허망한 꿈을 추구하는 데 집착하게 될지도 모른다.

주

1   우트쿠인들은 캐나다 북극지역에 산다. 또한 Briggs(1970)도 보라.
2   감정이라는 우산하에 있는 용어들 – 이를테면 정서(affect), 감상(sentiments), 기분(moods), 화, 질투 등등 – 도 거의 불가피하게 동일한 운명에 처해 있을 것이다. 그 정의가 무한회귀(infinite regress)의 딜레마뿐만 아니라 얼마간 자의성과 비일관성으로 고통 받지 않는 사회과학 개념을 찾아보기란 힘들다(이 경우 정의에 사용된 단어들 또한 정의될 필요가 있다). Harris(2014, ch. 3)와 van Brakel(1994)을 보라.

>>> 더 읽을거리

『감정사회학으로의 초대』는 명료하고 매력적인 입문서를 지향한다. 이 책을 읽은 후에 일부 학생은 사회학자들이 쓴 아래와 같은 좀 더 도전적인 텍스트들을 찾아보고 싶을지도 모르겠다.

Hochschild, A. R. 1983. *The Managed Heart*. Berkeley, CA: University of California Press.

Stets, J. E. and J. H. Turner. 2005. *The Sociology of Emotions*. New York: Cambridge University Press.

Stets, J. E. and J. H. Turner. (editors). 2014. *Handbook of the Sociology of Emotions: Volume II*. New York: Springer.

내가 이 장에서 언급했듯이, 다양한 분과학문이 자신의 특별한 (하지만 중첩되는) 관점에서 감정을 연구해왔다. 이를테면, 인류학자, 지리학자, 역사학자, 그리고 특히 심리학자 모두가 감정에 대한 연구를 수행해왔다.

Davidson, J., L. Bondi and M. Smith. (editors). 2005. *Emotional Geographies*. Burlington. VT: Ashgate.

Kalat, J. W. and M. N. Shiota. 2007. *Emotion*. Belmont, CA: Wadsworth. (이 책은 심리학적 관점을 취하고 있다.)

Lutz, C. and G. M. White. 1986. "The Anthropology of Emotions." *Annual Review of Anthropology* 15: 405~436.

Matt, S. and P. N. Stearns. (editors). 2014. *Doing Emotions History*. Chicago: University of Illinois.

Planalp, S. 1999. *Communicating Emotion: Social, Moral, and Cultural Processes*. New York: Cambridge.

02

감정규범

감정에 대한 사회학적 이해의 첫 걸음을 내딛기 위해 사회학에서 가
장 대중적인 개념 중 하나, 즉 사회적 규범이라는 개념에서 출발하기로
하자. 당신이 사회학 강의를 하나만 들었더라도, 당신은 아마도 이미
이 개념을 얼마간 접했을 것이다. 이 개념은 이미 대중의 의식 속에 들
어와 있다.

사회적 규범은 사람들이 특정한 상황에서 어떻게 행동해야 하는지와
관련한 문화적 기대를 말한다. 사람들은 특정한 행동 유형을 사회화하
고, 자주 그러한 행동을 '최고의'(가장 '자연스럽고' '논리적이고' '도덕적
인') 행위과정으로 이해한다. 그러한 규범들이 우리가 행하는 거의 모
든 것 ― 우리가 입는 옷, 우리가 먹는 음식, 그리고 심지어는 우리가 고찰할
만하다고 고려하는 것까지 ― 을 지배한다(Goffman 1963; Rigney 2001).

한 남자 고등학생이 스커트를 입고 수업에 들어오고 점심으로 곤충

을 먹고 선생님들과 눈 맞추기를 극도로 피한다고 상상해보라. 그 젊은 남자는 아마도 험난한 삶을 살 것이다. 그는 반 친구들로부터 냉대 — 험담, 못마땅하다는 표정, 괴롭힘, 배척, 심지어는 신체적 '매질' — 받을 가능성이 크고, 그들 모두는 그 학생이 뭔가 '잘못'하고 있다고 아주 확신할 것이다. 심지어는 친한 친구들조차도 이렇게 물을지도 모른다. "너 뭐가 문제야? 선생님들 주변에서 왜 그렇게 수줍어해? 왜 여자애처럼 옷을 입어? 너의 점심은 구역질나 — 야, 너 역겨워!" 물론 반 친구들 중 누군가는 자신이 받아온 사회화 때문에 그런 식으로 생각할 것이다. 만약 그들이 다른 문화에서 양육되었다면, 그들은 소년도 스커트(이를테면 킬트)를 입을 수 있다는 것, 타코 벌레와 초콜릿을 입힌 메뚜기도 맛있다는 것, 또는 눈 맞추기를 피하는 것이 윗사람에 대한 존경을 표시하는 적절한 방식이라는 것을 똑같이 확신할 것이다.

감정규범 개념은 사회적 규범 개념의 확장이다. 감정규범은 사람들이 특정한 상황에서 느껴야 하는 방식과 관련한 문화적 기대, 또는 우리가 경험하고 표출하는 감정의 적절성을 평가하는, 사회적으로 획득된 기준이라고 정의될 수 있다(Thoits 2004). 이를테면 상대적으로 비중이 적은 과제에서 'B' 등급을 받고 우는 고등학생이나, 수업내용의 요지를 이해할 때마다 신이 나서 웃는 고등학생은 친구들에 의해 감정적 일탈자로 생각될지도 모른다.

당신이 감정규범 개념을 더 잘 이해하고 그 개념을 당신 자신의 경험과 당신을 둘러싸고 있는 세상에 더 신중하게 적용할 수 있도록 하기 위해 감정규범의 몇 가지 기본 특징을 검토해보기로 하자.

감정규범의 여섯 가지 특징

감정규범은 널리 퍼져 있지만, 자주 비가시적이다

사회적 규범을 찾아보는 일은 어려울 수도 있다. 왜냐하면 우리는 보통 그것에 주의를 기울이지 않기 때문이다. 한 친구가 "조금 더 큰 소리로 말해" 또는 "조금 더 가까이 와"라고 말할 때, 당신은 당신과 당신 친구들이 깊이 생각하지 않은 미묘한 기대들에 순응하고 있음을 깨닫는다.

감정규범의 경우에도 마찬가지이다. 누군가가 조그만 호의에 대해 우리에게 고마워할 때, 우리는 거의 주목하지 않을지도 모른다. 하지만 기대한 감사의 말이 나오지 않을 때에는 '귀먹은 것 같은 침묵'이 흐를 수도 있다. 만약 당신이 지금껏 일단의 사람들에게 편의를 봐주었는데, 그들이 당신을 아는 척조차 하지 않는다면, 당신은 아마도 내가 무엇을 말하고자 하는지를 알 것이다. 감정규범은 "그것이 위반되는 순간에 가시화된다"(Davis 2012: 34). 마찬가지로 시기심을 표출할 때는 극히 신중을 기해야만 한다. 툭하면 "나도 너처럼 멋진 외모를 가지고 싶어!"라고 말하는 한 친구는, 시기하는 어조가 아닌 다른 어떤 색다른 어조로 진술하지 않는 한, 탐욕적 감상을 금하는 널리 퍼져 있는 규칙을 기분 나쁘게 위반하는 것일 수도 있다(Clanton 2006).

때때로 우리의 감정이 일탈적인 것으로 인식될 위험이 있다는 사실을 깨달을 때, 우리는 감정규범을 은연중에 의식하게 된다. 혹실드(Hochschild 1983: 57)가 주장했듯이, 사람들은 자신이 느끼는 것과 느낄 것으로 기대받는 것 간에 부조화가 일어날 때 '곤란'을 겪기도 한다.

이를테면 신년 전야 파티에서 시계가 자정을 알리면 사람들은 환호성을 지르고 웃고 호른을 불고 주변 사람들을 껴안는 것이 규범이다. 시간의 흐름에 대해 둔감하거나 염세적인 태도를 지닌 파티 참석자나, 다른 사람들에게 살갑게 대하는 것을 어색해하는 파티 참석자는 그 모임의 감정적 분위기에 '적응하기' 어려울 수도 있다(Hochschild 1979: 564). 그 결과 그들은 스스로에게 이렇게 무언의 격려를 할지도 모른다. "괜찮아! 너는 그것을 즐길 수 있어!"

감정규범은 보통 당연한 것으로 간주되기 때문에, 그것을 탐지하기가 어려울 수도 있다. 하지만 당신이 연습하면 할수록 그 개념을 적용하기가 더 쉬워진다. ① 구체적 상황 또는 사회적 상호작용을 골라잡고, ② 당신이 알고 있는 사람들 대부분에게 부적절하거나 부도덕하거나 문화적으로 '엉뚱한' 것으로 생각되는 감정적 반응을 상상하는 (또는 실제 반응을 관찰하는) 것도 하나의 방법이 될 것이다.

감정규범은 우리의 동료와 우리 자신에 의해 크고 작은 제재를 통해 강요된다

경찰관은 우리가 교통규칙을 위반하는 것을 발견할 때 (이를테면 속도위반 딱지를 발부하는 것과 같은) 제재를 가한다. 그러한 제재는 처벌과 법위반 억제책으로 작용한다. 감정을 지배하는 규칙이 암묵적일 경우에는 유사하지만 덜 공식적인 방법으로 상호규제가 일어나기도 한다.

우리의 동료들은 사회적 규범과 감정규범을 강요하기 위해 다양한 전략을 사용할 수 있다(Berger 1963, ch. 4 참조). 사람들은 우리를 노려보거나 못마땅함을 드러내는 말을 하기도 한다. 그들은 우리에 대해 험담함으로써 우리의 평판을 손상시키기도 한다. 배척은 우리가 사용할 수 있는 극히 강력한 수단의 하나이다. "신경이 너무 예민하다"거나 또는 "너무 행복해한다"고 생각되는 사람은 친구를 사귀거나 배우자를 찾거나 친족과 친밀한 관계를 유지하는 데 곤란을 겪기도 한다. 마지막으로, 경제적 압력이 가해질 수도 있다. 감정적 일탈은 더 모진 고용 전망으로 귀결될 수도 있고, 가족에 의해 재정지원이 '중단'되는 일이 발생할 수도 있다. 부적절한 감정 ─ 불안, 욕구불만, 또는 심지어는 코믹함조차 ─ 을 때에 맞지 않게 표출하는 것은 성공할 수도 있는 취업 면접에 해를 끼칠 수도 있다.

잘 알려진 한 연구에서 시몬, 에더, 에반스(Simon, Eder and Evans 1992)는 중서부 중학교의 사춘기 소녀들 사이에서 감정규범이 발전하는 과정을 (3년 동안) 관찰했다. 연구자들은 여학생들이 괴롭히기, 험담, 대항을 이용하여 각자를 '적절한' 감정 ─ 이를테면 "이성에 대해서만 연애 감정을 가져야 한다"와 "이미 정한 상대가 있는 남자 아이에게 연애 감정을 가져서는 안 된다"와 같은 ─ 으로 사회화한다는 것을 발견했다. 동성에 대한 애정표현(이를테면 친구의 무릎에 앉아 장난치기)은 가벼운 조롱을 받기도 했다. 그것에 대해 소녀들은 "너는 정말 내 타입이 아니거든"이라고 말하거나, 또는 동성애 의도를 장난스럽게 담아 '우우우우' 소리를 일제히 내기도 했다. 소년들에게 관심이 없는 것 같은 용모를 하고 있거나 행동을 하는 소녀들은 (경멸적인 어조로) 퀴어나 게이 또는 말괄량이로 불렸다. 소년들에 대한 연애 감정은 보다 장려되었다. 때때로 동료집단 다수의 성원이 한 특별한 소년에게 공통적으로 느끼는 매력에 대해 공개적으로 토론을 하기도 했다. 하지만 그 집단의 한 성원이 그 소년과 관계를 추구하거나 형성하자마자, 그녀의 친구들 중 그

누구도 그에 대한 애정을 제재받지 않고 계속해서 표현할 수 없었다.

성인들의 환경에서도 감정적 일탈은 부차적 결과를 초래할 수 있다. 이를테면 용의자의 '불안해하는' 법정 증언은 배심원들에 의해 거짓말의 신호로 해석되기도 한다. 다른 한편 말이 없거나 초연해 보이는 태도는 후회하지 않거나 양심이 없는 것으로 간주되기도 한다. 사건과 어울리지 않는 감정을 꾸며내는 피해자 ─ 심각한 범죄에 무감각해 보이거나 사소한 범죄에 호들갑을 떠는 것처럼 보이는 피해자 ─ 는 배심원에 의해 덜 호의적으로 평가받기도 한다(Rose et al. 2006). 아니면 자신의 고객이 가진 거액의 돈에 대해 시기심을 드러내는 재정 상담원을 상상해보자. "와우, 내 퇴직 계좌에도 당신만큼 돈이 있다면 얼마나 좋을까요! 그 정도의 돈을 상속받다니, 당신은 정말이지 운 좋은 룸펜이네요." 시기심의 표현을 금하는 규범을 드러내놓고 위반한 상담원은 일부 고객에게서 에티켓은 물론 신뢰성까지 의심받기도 한다. 그러한 노동자는 곧 일자리를 잃거나 적어도 구두 추천을 거의 받지 못할 것이다(Delaney 2012).

흥미롭게도 우리의 감정적 행동을 제재하는 것은 단지 다른 사람들만이 아니다. 우리 역시 우리 자신을 처벌한다. "정신 차려!"라는 훈계는 우리의 친구, 동료, 친척뿐만 아니라 우리 자신으로부터도 나온다(Hochschild 1983: 57; Thoits 1985). 한 예를 들면, 내가 대학을 졸업했을 때 당시 막 이혼한 나의 부모는 나, 나의 자매, 그리고 몇몇 친구에게 점심을 샀다. 나는 그 거북한 상황으로 인해 다소 안절부절못했고 그저 그 이벤트가 끝나기만 바랐다. 나중에 나는 나의 부모가 어쩌면 자신들이 나를 학교에 보내기 위해 재정직으로 희생한 데 대해 감사의 '건배'를 제의하거나 짤막한 감사 말을 할 것을 내게 기대했을지도 모른다는 것을 깨달았다. 그래서 나는 죄책감을 느꼈고, 나 자신에게 "그런 걸 잊은 것은 멍청한 짓이었어!"라고 말했다. 나의 생각과 나의 감정은 내가 나 자신에게 가한 처벌 — 미래의 유사한 행동에 대한 처벌과 억제 — 로 인식될 수 있다. 나의 부정적 감정은 나로 하여금 보답을 하고 감사의 마음을 전하기 위해 부모 각각에게 특별한 '감사' 카드를 쓰게 했다.

감정규범은 직접적·감정적 사회화를 통해 학습된다

감정규범을 그저 자연적이거나 당연한 행동유형으로 간주하고 싶은 생각이 들기도 한다. 일부 감정표현은 분명하거나 필연적인 선택처럼 보이기도 한다. 대학 졸업생은 '당연히' 부모의 재정적 지원에 감사를 표해야만 한다. 그렇지만 감정적 행동의 규범적 측면을 인식하기 위해 요령을 피워보자. '당연하다'는 것에 대해 서로 다른 관점을 가지고 있을 수도 있는 한 집단의 사람들을 상상해보자. 이 경우에 당신은 아이의 교육을 위한 지불을 선택이나 중요한 희생이 아닌 일상의 책무나 의무로 생각하는 부유한 가정을 마음에 그릴 수도 있다. 이 가상의 집단에 속한 어떤 졸업생은 아마도 그의 부모로부터 근사하거나 공적인 감사표현을 기대받지 않을 수도 있다.

감정규범의 문화적 차원을 좀 더 명료화하기 위해 이것을 노출과 젠더에 대한 규범으로부터 유추해보자. 우리는 뜨거운 여름날 어린아이들이 다양한 모습의 거의 벌거숭이 상태로 노는 것을 보곤 한다. 미국 대부분의 지역에서 아이들은 수영복 하나만 걸치고 스프링클러를 통과하여 달리거나 술래잡기를 한다. 하지만 어느 시점이 되면 아이들은 학습을 통해 노출에 대한 자의식을 지니게 된다. 소녀들의 경우에는 훨씬 더 그러하다. 왜냐하면 그녀들에게는 '셔츠를 입지 않는' 것이 훨씬 더 금기시되기 때문이다. 소녀가 세 살이 아닌 여섯 살에 가까워질 때, 그녀의 부모는 그녀에게 "이제 다 큰 소녀"이니 그녀의 형제들과 달리 상의를 입어야만 한다고 말할 것이다. 이것은 **직접적인 사회화**에 해당된다. 이는 다른 사람들이 무엇이 규범인지를 우리에게 명시적으로 말하는 경우이다. 아니면 어떤 소녀에게는 명시적인 가르침이 필요하지 않을 수도 있다. 다시 말해 그녀는 그저 주변을 둘러보는 것만으로 나이든 소녀라면 어느 누구도, 즉 성장한 어떤 여성도 상의를 입지 않고는 사람들이 있는 데 나타나지 않는다는 것을 알아챌 수 있다. 이것이 **간접적인 사회화**이다. 이는 다른 사람들이 무엇이 규범인지를 우리에게 암시적으로 알려주는 경우이다.

어떤 미국인에게는 이러한 옷 입는 기준이 자연적이고 피할 수 없는 것이거나 그저 '당연한' 것으로 보일 수도 있다. 하지만 그렇지 않다. 어떤 문화에서는 여성이 가슴을 드러내는 것과 관련하여 아무런 금기도 없는 반면, 다른 문화에서는 다리, 팔, 머리까지 가릴 것을 요구하는 훨씬 더 엄격한 규범이 시행된다. 그 규칙들은 사회적 창조물이지만, 우리는 그 규칙을 내면화하고, 인위적인 관습을 원래 그런 것이거나 마땅히 그래야만 하는 것으로 간주한다(Berger 1963, ch. 5).

노출에 대한 규범과 마찬가지로, 감정규범의 사회화도 직접적으로 또는 간접적으로 발생할 수 있다(그리고 종종 그 둘 사이에 회색지대도 존재한다). 어떤 진술들은 한 문화(또는 하위문화)가 적절한 것으로 간주하는 감정을 명시적으로 가르치고 있는 것처럼 보인다.

- "감사하다는 말 하는 거 잊지 마!"

- "자부심을 가져."
- "창피하지 않니?"
- "너 들떠서 그러는 게 확실해."
- "그렇게 멍청이처럼 굴지 마!"

다른 진술들은 더 모호하지만 여전히 문화적으로 기대되는 감정 상태와 관련한 지침을 제공하기도 한다.

- "태도가 좋지 않네요."
- "무슨 문제 있어?"
- "진정해 ― 그거 별일 아냐."
- "너의 긍정적인 전망, 정말 마음에 들어."
- "넌 지나친 낙천주의자야!"

보다시피, 직접적인 그리고 거의 직접적인 사회화는 긍정적 또는 부정적 재강화를 통해 발생할 수 있다. 사람들은 '좋은' 감정표현으로 인해 (이를테면 칭찬을 통해) 상을 받을 수도 있고 또는 '나쁜' 감정표현으로 인해(이를테면 비판을 통해) 벌을 받을 수도 있다.

우리가 앞서 논의한 모든 부정적 제재 ― 말로 하는 질책, 험담, 배척, 물리적 폭력, 재정적 압박을 포함하여 ― 는 감정규범에 순응하도록 하기 위해 이용될 수 있다. 아이는 '짜증'을 부리는 것만으로도 엉덩이를 맞거나 용돈을 받지 못할 수 있다.

감정규범의 간접적 사회화 또한 아주 흔히 볼 수 있다. 나는 어릴 적에 지역 교회의 가톨릭 미사에 참석하여, 아주 엄숙한 얼굴을 하고 착

가라앉은 목소리로 말하던 사람들을 둘러보았던 일을 기억한다. 사람들은 조용히 진지하게 기도했고, 엄숙한 음조로 찬송가를 불렀다. 나의 부모는 의식을 마친 후에 교회 계단과 인도에서 친구들이나 나의 친구의 부모들과 쾌활한 목소리로 이야기했다. 그러나 미사 동안에는 감정상태를 자제했다. 교구민들이 초대받아 교류할 때, 다시 말해 악수하거나 포옹하면서 "평안하세요"라고 말할 때에도 웃음소리를 내거나 기쁨을 표현했던 것으로 기억되지 않는다. 만약 내가 열 줄도 더 떨어져 있는 나의 친구에게 열렬하게 손을 흔들면서 "안녕, 더그!"라고 소리를 질렀다면, 비록 누군가가 내게 직접 대놓고 그렇게 하지는 않았더라도 나는 조용히 하라는 말을 듣거나 꾸지람을 들었을 것이 틀림없다. 내가 했던 것이라고는 주변을 둘러보고 어느 누구도 큰 소리로 또는 먼 거리에서 인사를 하지 않는다는 사실을 알아챈 것이었다. 나는 나의 감정표현을 포함하여 나의 행동을 지배하는 규범을 간접적으로 추론했던 것이다.[1]

마찬가지로 시끌벅적한 대학 풋볼 게임을 구경하러 간 팬들도 아나운서, 치어리더, 마스코트, 동료 관객들과 같은, 자신을 둘러싼 사람들로부터 감정규칙을 추론할 것이다(Zurcher 1982). 팬들은 얼마만큼 열광해야 하는가? 그들의 팀에 대해 얼마만큼 자랑하거나 넌더리내야 하는가? 상대편에 대해 얼마만큼 존중하는 마음 또는 적의를 드러내야 하는가? 위험한 태클이나 부상에 대해 얼마만큼 동정심, 공포, 또는 기쁨을 드러내야 하는가? 우리의 동료들은 자신의 말, 행동, 그리고 심지어는 옷 선택을 통해 기대되는 감정적 반응과 관련한 비공식적 단서를 제공한다(또한 Peterson 2014도 보라). 때로는 거의 또는 전혀 감정적 반응을 드러내지 않는 것이 최선이라고 인식되는 경우도 있다. 이를테면 경쟁하는 조정선수(Sinden 2010), 경찰관(Howard, Tuffin and Stevens 2000), 교육 행정관(Coupland et al. 2008) 및 다른 집단들은 유능함과 진지함을 드러내기 위해 감정표현을 억누르거나 부정할 필요가 있다고 배우기도 한다.

직접적·간접적 사회화는 대면적 상호작용뿐만 아니라 매개된 상호작용을 통해서도 일어날 수 있다. 텔레비전 쇼와 영화, 책과 잡지, 비디오 게임과 음악, 이 모두는 추종할 명시적 가르침이나 암묵적 모델을 제공할 수 있다(Peterson 2006). 모든 로맨틱 코미디와 리얼리티 TV에서 청혼의 결과는 단지 극적 긴장을 해소하는 데 그치지 않고 한 구혼자가 청혼할 때 감정을 표현하는 방식에 대한 하나의 가능한 본보기(또는 하나의 충고성의 이야기)를 제공한다(Bachen and Illouz 1996; Schweingruber, Anahita and Berns 2004). 관계에 대해 조언하는 자기계발 잡지 또한 화, 질투, 또는 사랑의 표현을 지배하는 규범과 같은 감정규범을 전하기도 한다(Clanton 2006).

감정규범은 시간에 따라 그리고 집단마다 다르다

만약 감정규범이 본성이나 신에 의해 규정되어 있다면, 우리는 그것이 실제로 불변할 것이라고 예상할 수도 있다. 그러나 '적절한 감정'과 관련한 이해들도 인간의 창조물로서 자주 오랜 시간에 걸쳐 그리고 단기간 내에 변화한다(Matt and Stearns 2014).

나의 어린 시절에 차분했던 성당도 점차 변화했을 것으로 쉽게 짐작할 수 있다. 새로운 사제와 음악감독이 부임하거나 신도들의 인구구성이 변화함에 따라 어쩌면 교회가 보다 감정적으로 즐겁고 표출적인 예배를 거행하는 쪽으로 바뀌었을 수도 있다. 나이 든 교구민들은 점차 변화를 받아들임으로써 또는 새로운 접근방식이 왜 '더 나은지'에 대한 설명을 들음으로써 서서히 재사회화되었을 수도 있다. 젊은 교구민들은 그것이 교회가 항상 해오던 방식이라고 생각하며 성장할 것이다.

아니면 스포츠의 영역으로 돌아가보자. 일부 논평자들은 테니스 선수들 사이에서 감정표출이 변화해온 방식에 주목해왔다.[2] 지난 몇 십 년과 비교해볼 때, 경기자가 코트에서 자기 자신에게 들리도록 말을 하는 것이 점차 받아들여져서 이제는 흔한 일이 되었다. "컴온!", "레츠 고!" 같은 표현은 굿 샷이나 배드 샷 후에 자주 들을 수 있다. 이러한 감격이나 좌절의 표현에 대한 기대도 진화해왔다. 다른 규범들 — 항의의 표시로 상대방에게 소리를 지르는 것을 금지하는 규범과 같은 — 도 진화할 수도 있고 그렇지 않을 수도 있지만, 그것들은 여전히 근본적으로 문화적이다. 그것들은 특정한 관점에서 볼 때 도덕적이고 당연한 것으로 보일 수도 있지만, 또 다른 관점 역시 가능하다. (마침내 '도발적인 말하기'가 테니스 경기에 활기를 불어넣을 것이라는 좋은 논쟁이 벌어질 수 있었다.) 그동안 내셔널 풋볼 리그NFL에서는 플레이의 성공 후에 할 수 있는 적절한 행동을 명시하기 위해 '세레모니 금지anti-celebration' 규칙을 제정하려는 노력을 반복적으로 해왔다. 어떤 행동들 — 이를테면 공 차내기, 춤추기, 공중제비 돌기 — 은 특히 그 제스처들이 상대팀을 향해서 이루어질 때 선동적이거나 '스포츠맨답지 않은' 것으로 인식될 수 있다. NFL이 세레모니에 관한 규칙을 조정할 때마다 연맹의 감정행동 규범이 서서히 바뀌거나 진화해왔다고 주장되기도 했다.

이와 같이 감정규범은 반드시 영속적이거나 견고하지 않다. 문화 또는 하위문화 내에서 규칙은 시간이 경과함에 따라 변화할 수 있고 또

변화한다. 우리는 이를 **시간적 변이** 또는 **역사적 변이**라고 부를 것이다. 더욱이 (그리고 내가 이미 이 장에서 암시해왔듯이) 감정은 또한 집단마다 다르다. 우리는 이를 **비교문화적 변이**라고 부를 것이다.

신혼부부 간의 애정표현에 관한 규범을 고찰해보자. 미국에서는 보통 신랑과 신부가 포옹, 키스, 손잡기, 선물 주기, 구두 선언을 통해 그들의 사랑을 공개적으로 표현할 것을 기대받는다. 그러한 표현을 충분히 하지 않는 것 ― 결혼식 때와 그 후 몇 개월 간 ― 은 가족과 친구들로 하여금 걱정을 하게 만든다. 하지만 어떤 문화에서는 신혼부부가 훨씬 더 자제할 것을 기대받는다. 전통적으로 신부가 남편의 집에 들어와서 남편의 부모, 형제(그리고 형제의 부인)와 함께 살게 되어 있는 사회를 상상해보라. 또한 그 가족 성원들이 (사회적·경제적 이유에서) 온 집안 식구가 따로 떨어져 살게 되지 않을까 ― 시어머니 시하에 있는 젊은 아내가 선동하고 싶어 할 수도 있는 것 ― 하는 걱정을 한다고 상정해보자. 그러한 상황에서는 남편이 더 큰 가족의 유대보다 부부의 유대를 우선시하지 않도록 하기 위해 신혼부부 간의 애정표현을 금하는 강력한 감정규범이 존재할 수 있다(Derné 1994; Stockard 2002를 보라).

슬픔을 지배하는 규범들 역시 집단마다 다르다(Lofland 1985). 일부 문화들은 죽음을 사랑했던 사람의 업적이나 천국으로의 이주를 찬양하기 위한 계기로 삼는가 하면, 다른 문화들은 죽음을 순전히 비통함으로 바라보기도 한다. 아이들의 절반이 다섯 살이 되기 전에 죽는 사회에서는 그 비율이 100명 중 1명이 되지 않는 사회에서보다 부모가 아이에 대해 슬퍼하며 보내는 시간이 더 적을 것으로 예상되기도 한다. 높은 사망률은 아이들의 죽음을 "비극이라기보다는 예측할 수 있고 상대적으로 중요하지 않은 불행으로, 즉 인간이 바꿀 수 없는 사실로 침착하게 그리고 체념하고 받아들일 수 있는 것으로" 인식하게 할 수도 있다 (Scheper-Hughes 1992: 275). 유사하게 조상의 혈통을 이어가는 것이 특정한 가족관계보다 훨씬 더 중요한 문화에서는 배우자의 죽음이 덜 충격을 줄 것으로 예상되기도 한다(Stockard 2002).

감정규범은 같은 문화 또는 같은 환경 내에서조차 논란의 여지가 있고 서로 충돌할 수도 있다

거의 모든 상황에서 감정규범이 우리가 느끼는 방식을 '지배한다'고 말할 수 있다. 우리 문화의 규범들이 당연하거나 선하다는 믿음은 자주 우리로 하여금 규범에 복종하고 그것을 이행할 의무가 있다고 느끼게 한다. 그럼에도 불구하고 규칙이 반드시 아주 엄격한 것은 아니라는 점을 인식하는 것이 중요하다. 다시 말해 규칙에는 해석의 여지가 존재하며 그것의 적용을 둘러싸고 논란이 벌어질 수도 있다. 동일한 또는 유사한 집단에 의해 사회화된 사람들 사이에서도 의견의 불일치가 발생할 수 있다. 그러한 차이는 개인들 특유의 퍼스낼리티, 아젠다, 또는 다양한 하위문화에의 노출에서 비롯될 수도 있고 규범의 모호성이나 불명확성으로부터 비롯될 수도 있다(또한 Kolb 2014a를 보라).

이를테면 생일선물을 받으면 그것에 대한 감사의 표시를 기대받기도 한다. 그렇다면 정확히 얼마나 감사를 표시해야 하는가? 일정한 형식을 갖춘 말로 해야 하는가, 포옹이나 감사편지로 해야 하는가, 아니면 다른 어떤 것으로? 정확한 공식이 존재하지 않을지도 모르며, 감사를 표현하는 방법과 관련하여 서로 다른 의견들이 제시될 수도 있다. 어떤 경우에는 선물을 받고 신나하는 것이 감사를 대신할 수도 있다.

"와우, 이 선물 정말 끝내준다!"라고 감격해서 말하면 선물을 준 사람이 그 표현으로부터 만족감을 얻기 때문에, 그리고 그 표현이 선물을 받은 사람의 감사를 포함하고 있기 때문에 감사에 '충분히 가까운' 것으로 받아들여질 수도 있다. 다른 한편 어떤 까다로운 사람은 "감사해요"라는 말을 명시적으로 한 번 이상 할 것을 단호하게 요구할 수도 있다. 나의 대가족 사이에서는 손으로 쓴 감사장을 보내야 하는지 아니면 이메일이나 문자로 '감사의 말'을 보내는 것으로 충분한지를 놓고 현재 의견이 갈리고 있다.

의견차이가 반드시 감정규범이 실체가 없다는 것을 보여주는 것은 아니다. 단지 감정규범이 명령적이거나 명확하지 않다는 것을 보여줄 뿐이다. 형제 또는 자매가 여전히 보다 일반적인 문화적 기대 내에서 움직이면서도 특정한 옷의 선택을 놓고 언쟁을 벌일 수도 있다. 형제는 노출(얼마나 피부를 가려야 하는지), 젠더(남자와 여자가 어떤 스타일로 옷을 입어야 하는지), 색상(은색 바지 금지), 무늬(물방울무늬와 혼합된 줄무늬 옷 금지)와 관련한 보다 광범한 많은 기대를 공유하면서도, 특정 셔츠가 특정 바지와 어울리는지를 놓고 의견이 갈릴 수도 있다.

시몬과 그의 동료들이 수행한 연구(Simon et al. 1992)에서 연구자들은 중학교 소녀들 사이에서 "한 번에 한 소년하고만 연애 감정을 가져야 한다"는 규범과 관련하여 얼마간 의견 불일치가 있다는 것을 발견했다. 일부 소녀는 복수의 남자친구와 관계를 유지했고, 심지어는 그것에 대해 자랑했다. "남자애들이 지리적으로 떨어져 있고 양다리 걸치는 것을 알지 못하는데, 그게 뭐가 문제야?" 하지만 다른 소녀들은 그런 행동에 대해 동의하지 않고 비판했다. 연구자들은 소녀들이 나이를 들어감에 따라 합의와 규범에 대한 복종의 수준이 높아진다는 것을 발견했다.

어떤 개인이 특정한 상황에서 느끼는 적절한 방식과 관련하여 자기 자신과 다투는 것조차 가능하다. 룸메이트가 주방을 잇따라 지저분하게 만들어놓을 때, 가볍게 짜증을 낼 것인가, 아니면 그 부당함에 대해 크게 화를 낼 것인가, 아니면 말도 안 되는 상황에 웃고 말 것인가? 주차장에서 우리의 차에 생긴 찌그러진 부분을 갑자기 발견했을 때, 큰 소리로 욕할 것인가, 소리칠 것인가, 아니면 웃을 것인가? 먼저 반응을 하고 난 다음에 우리의 반응을 되돌아볼 때, 우리는 우리 감정의 적절함에 대해 확신하지 못할 수도 있다. 우리는 때때로 우리 자신이 **오류를 범할 수 있다**고, 다시 말해 상황에 대한 초기 반응에서 우리가 실수할 수 있다고 생각한다. 그리고 이는 우리로 하여금 우리의 감정, 우리의 자아, 우리가 처한 상황에 대해 상충하는 해석을 하게 하기도 한다(Davis 2012).

양가감정은 반드시 다중 퍼스낼리티 장애나 여타 퍼스낼리티 결함을 보여주는 신호가 아니다. 삶은 복잡하고, 우리는 그것을 그럴듯한 여러 관점에서 바라볼 수 있다(Weigert 1991). 게다가 많은 상황은 우리에게 상충되는 것을 요구하고, 상충하는 감정규범들을 균형 잡거나 조화시킬 것을 요구한다. 시험에서 뛰어난 성적을 거두는 학생은 성적이 좋지 않은 반 친구들에게 짜릿한 기분을 느끼면서도 그들에게 세심하게 마음을 써줄 것을 기대받기도 한다(Albas and Albas 1988a). 의사와 스트립 댄서는 둘 다 자신들의 고객과 상호작용할 때 친밀성과 평상시의 침착한 태도 간에 균형을 잡을 필요가 있기도 하다(Emerson 2001; Lerum 2001). 범죄 피해자는 자신이 겪은 여전히 심각한 고통과 트라우마를 전달하면서 침착하고 '합리적인' 방식으로 증언할 것을 요구받기도 한다(Konradi 1999). 요컨대 현대사회를 살아가는 사람들은 때로는 모호하고 상충하는 다양하고 광범한 감정규범들에 노출된다. 그 결과 사람들이 단지 그 규칙을 따르기만 하는 것은 아니다. 그들은 "그들 자신 및 다른 사람들의 감정과 표현을 해석하고 평가하고 정당화"하면서 감정규범들을 고려하고 또 창조적으로 이용하기도 한다(Thoits 2004: 365; 또한 Loseke 2009도 보라).

감정규범은 불평등을 반영하고 영속화할 수 있다

법과 감정규범의 비유로 되돌아가서 그 비교를 정치의 영역으로 한 단계 더 밀고 나아가보자. 많은 사람이 법체계는 정의의 중립적 중재자가 아니라고 지적했다. 오히려 법은 그것의 제정과 적용 모두에서 정치적 아젠다와 투쟁의 결과이다. 여성들에게 투표를 허용해야 하는가? 동성 파트너는 결혼할 수 있는가? 마리화나나 코카인 소유자들에게 어떤 처벌 ― 만약 그런 조항이 있다면 ― 을 해야 하는가?

법은 반드시 모든 사람들의 이익에 똑같이 기여하지 않는다. 지배집단이 사회의 규칙을 발의하고 제정하고 집행하는 데서 더 많은 영향력을 행사하기 때문에, 오히려 법은 권력관계를 반영하고 강화할 수도 있다(McNamee and Miller 2014: 225~226). 임금소득이 투자소득보다 더 높은 비율로 과세된다는 사실 ― 가장 부유한 미국인들에게 이득이 되는 정책 ― 은 냉소적으로 표현하는 '황금률' ― 금을 가진 사람들이 규칙을 만든다 ― 의 한 실례로 기술될 수도 있다(Rigney 2001: 88).

마찬가지로 감정규범은 단순히 문화적 선호 ― 서로 다른 집단의 특이하지만 정상적인 특성에 의거하는 ― 인가, 아니면 어떤 규범들은 권력을 가진 사람들의 이익에 맞게 만들어진 것으로 보이는가라고 물을 수도 있다(Moon 2005). 가족관계를 살펴보자. 부모와 아이들 간의 영향력이 쌍방향적이기는 하지만, 아이들은 보통 가족 내에서 감정규범에 대해 말할 수 있는 것이 거의 없다고 해도 무방할 것이다. 물론 아이들은 매너를 학습할 필요가 있고, 그래야 자신들의 성질을 통제하고 다른 사람들에 대해 공감과 예의를 가지고 행동할 수 있게 된다. 부모는 아이가 '예의 바르게' 성장하도록 하기 위해 열심히 노력한다. 즉, 부모들은 아이들이 감정 능력을 키워, "집과 보다 광범한 사회적 장소 모두의 사회질서에 적절히 참여할 수 있도록 자신들의 몸을 관리"할 수 있게 하고자 한다(Mayall 1998: 150; Erickson and Cottingham 2014). 다른 한편 때때로 부모들은 전제적이고 자신의 이익을 도모하는 방식으로 감정규범을 정하거나 강요하기도 한다. "말대꾸하지 마" ― 다시 말해 부모에게 무례하게 반박하지 마 ― 는 민주적 인풋을 '과도하게 억제'하거나 제약하기 위해 사용될 수 있는 감정규범이다(Gubrium 1992).

여성들은 '천성적으로' 공감적이고 양육에 적합하다는 가정 ― 하나의 칭찬이거나 덕목인 것처럼 보이지만 ― 또한 불평등한 결과를 낳을 수 있다. 아내들은 남편보다 더 다정하고 세심하고 협력적일 것을 요구하는 감정규칙하에서 삶을 살아가고, 그 결과 가정에서 불평등한 분업이 초래되기도 한다(Schrock and Knop 2014). 감정규범의 젠더화된 성격은 엄마가 왜 까진 무릎에 더 많이 입을 맞추고 더 많이 눈물을 닦아주고 더 적극적으로 듣고 또 가족들을 친밀하게 하거나 관계를 원활하게 만드는 여타 대인관계적인 일을 더 많이 수행하는지를 설명하는 데 도움을 줄 수도 있다(Deutsch 1999; Erickson and Cottingham 2014).

감정규범은 또한 집 밖에서도 불평등을 산출한다. 우리의 일터를 살펴보자.[3] 고객 서비스 대행자가 고객의 불만과 무례한 행동을 전면에서 대처하는 데서 보듯, 가장 적은 보수를 받는 피고용자들이 자주 가장 힘이 많이 드는 작업을 수행해야만 한다. 그에 비해 중층과 상층 관리자들은 조직의 보호물(일반인과의 접촉을 제한해주는 행정 보조자와 같은)과 지위 보호물(다른 사람들이 그들에게 '분통을 터트리는' 것을 막아주는 권력과 위세) 모두에 의해 부정적 감정으로부터 보호받는 경향이 있다. 따라서 고용주들은 하층 피고용자들에게 기존의 소득과 권력의 불평등을 악화시키는 감정규범("항상 웃고, 고객에게 절대로 화를 내지 마라")을 준수할 것을 요구한다. 감정규범은 또한 고용에서 젠더·인종 불평등을 더욱 악화시킬 수도 있다. 이를테면 여성 노동자들은 남성 노동자들보다 자신들의 고객, 환자, 또는 학생들에게 더 많은 감정적 지원을 제공할 것을 기대받는다(Bellas 2001). 흑인 남성들은 '거친 흑인 남자'라는 꼬리표가 붙는 것에 대한 우려 때문에 일터에서 백인 남성에 비해 불만을 자유롭게 표현하지 못한다고 느낄 수도 있다(Wingfield 2010).

심지어 감정규범은 전체 사회에 퍼져 있는 계급·권력 불평등을 정당화하는 이데올로기와도 연루되어 있을 수 있다. 봉건시대에는 부의 거대한 불균형이 귀족의 '생득권'과 '신성한 왕의 권리'에 의거하여 정당화되었다. 다음으로 노예제도는 선천적 열등성의 관념을 통해 옹호되었다(McNamee and Miller 2014). 이러한 인지적 신념체계는 그에 상응하는 감정규범을 수반하는 경향이 있다(Loseke 2009). 만약 불평등이 정당화될 경우, 예속자들은 자신들의 낮은 지위에 대해 그냥 체념하고 말거나, 아마도 적개심이나 격분이 아닌 수치심을 느낄 것이다. 현재 많은 미국인들은 자신들의 나라가 능력주의 사회 ─ 사람들의 경제적 성공이 기본적으로 재능과 고된 노동의 결과인 사회 ─ 라고 믿는다. 이러한 이데올로기하에서 성공한 사람들은 자신들의 명백한 기술과 결단력에 자부심을 가질 것이며, 가난한 사람들은 자신들의 곤경에 곤혹감이나 가책을 느낄 것이다. 성공에 영향을 미치는 비능력적 요인들 — 이를테면 부유한 부모 밑에서 태어나는 것, 수준 높은 교육과 의료보호에 쉽게 접근할 수 있는 수단을 가지는 것, 불황기보다 호황기에 대학을 졸업하는 것, 고위직에 있는 사람을 아는 것 등등 — 은 경시된다(McNamee and Miller 2014). 따라서 능력주의 사회의 신화는 우리로 하여금 기존의 구조적 장치를 개혁하거나 그것에 반항하는 감정을 계발하도록 하기보다는 우리의 경제적 실패를 비난하도록 조건짓기도 한다(Schwalbe et al. 2000).

| 관련 연구 집중 탐구 |

질투 규범도 시간이 경과함에 따라 변화한다

고든 클랜턴Gordon Clanton의 연구는 감정규범에 대해 쉽게 이해할 수 있게 해주는 흥미로운 사회학적 연구의 한 사례이다(Clanton 1989, 2006). 클랜턴은 『정기간행물 독자 가이드Readers Guide to Periodical Literature』를 이용하여, 1945년부터 1985년까지 40년 동안에 질투와 관련하여 작성된 논픽션 잡지 기사를 모두 검토했다. 저자는 특히 부부관계와 연애관계에 있는 성인들의 질투를 다룬 기사들에 초점을 맞추었다. (『레드북Redbook』과 같은 잡지들에 게재된) 기사들을 주의 깊게 독해한 후에, 클랜턴은 기사에 제시되어 있는 충고와 논의에서 '근본적인 변화'가 있었음을 간파했다.

1945년부터 1960년대 후반까지 보통 질투는 파트너에 대한 '사랑의 증거'

로 특징지어졌다. 약간 질투심을 느낀다는 것은 좋은 일로 묘사되었다. 그것은 어떤 사람이 관계를 중시한다는 것을 보여주는 것이었다. 질투는 각 파트너가 서로에 대해 '예민하게 반응한다'는 것을 보여주는 것이었고, 그것은 사랑을 증명함으로써 더 가까워지는 데 도움이 되었다. 병리적인 강박적 질투는 못마땅하게 생각되었지만, 대체로 질투는 통상적인 감정경험이라는 점이 강조되었고, 피할 수 없는 긍정적인 감정으로 간주되었다.

1970년경부터 잡지 기사들은 질투를 새롭게 이해하기 시작했다. 질투는 낮은 자존감과 퍼스낼리티 결함에 뿌리를 두고 있는 감정으로 조명되었다. 이제 질투는 사랑의 증거라기보다는 불안의 신호나 신뢰할 수 없음을 드러내는 것으로 묘사되었다. 개인들은 연애관계에 해를 끼치고 남성과 여성 간의 친밀한 상호작용을 제약하는 그러한 소유욕적 감정을 줄이거나 근절할 것을 권고받았다. 질투가 유발되는 것을 막기 위한 전문적인 치료요법이나 자기계발 테크닉이 독자들을 돕기 위해 제시되었다.

클랜턴은 이러한 질투에 대한 새로운 견해가 미국에 유포되고 있던, 연애관계에 대한 문화적 믿음에서 일어난 더 큰 변화에 의해 조장되었다고 주장했다. "1950년대와 1960년대 초에는 관계에 대한 헌신이나 '함께함'이 강조되었다. …… 이와 대조적으로 1960년대 후반과 1970년대 초반에는 많은 개인이 자주 이전 시대를 특징짓던 헌신의 형태들을 버리면서까지 관계 속에서 개인의 자유를 증진시키고자 했다"(Clanton 1989: 186~187). 이러한 더 큰 문화적 변화가 일어난 결과 질투에 대한 새로운 견해가 종래의 견해를 대신했다(그러나 전적으로 대체하지는 않았다). 두 관점 모두가 여전히 발견되며, 질투의 경험 및 표출과 관련한 기대를 틀 짓고 있다.

당신은 스스로에게 이렇게 물어볼 수 있다. 당신은 어떤 관점을 지지하는

감정적 일탈: 감정규범을 위반하는 방식

사람들은 어느 순간 감정적 일탈을 범한다. 그것을 피하기란 불가능하다. 때때로 우리는 동료의 기대를 저버리는 감정을 어쩔 수 없이 드러내기도 한다. 어쩌면 우리는 아직 감정규범을 충분히 학습하지 못했거나 상이한 일단의 지침을 사회화했을지도 모른다. 어쩌면 불면증이나 편두통이 우리를 시무룩하게 '만드는' 경우처럼, 우리는 순응하고자 하는 의지나 능력을 결여하고 있을 수도 있다. 아니면 어떤 경우에는 어쩌면 비현실적이고 공평하지 못하거나 불필요하게 구속적인 문화적 기대에 잘못이 있을 수도 있다. 우리는 감정규범이 변화될 필요가 있다고 믿기 때문에, 심지어 의식적으로 그것을 위반하기로 결정하기도 한다. 때때로 우리 모두는 감정을 지배하는 명시적 또는 묵시적 규칙들을 위반할 것이다. 혹실드(Hochschild 1983)는 『관리되는 마음』에서 감정적 일탈을 범하는 다섯 가지 방식을 확인했다. 그러한 선택행위들을 검토하는 것으로 이 장을 마무리하기로 하자. 왜냐하면 그것이 우리가 사회 속에 그리고 우리의 삶 속에 존재하는 감정규범들의 편재성과 중요성을 평가하는 데 도움을 줄 수 있기 때문이다.

감정규범으로부터 일탈하는 첫 번째이자 가장 명백한 방식은 잘못된 **유형**의 감정을 표출하는 것이다. 이 경우에 그 사람이 경험하는 감정은 솔직히 부도덕하거나 엉뚱하거나 부적절해 보인다. 즉, 그 사람은 다른 사람들이 느끼는 어떤 특별한 감정과는 전혀 다른 감정을 느낀다. 이를테면 한 젊은 여자의 친구와 가족이 그녀에게 신부파티를 열어줄 때, 우리는 그녀가 매우 행복해할 것으로 기대한다. 어쨌거나 그녀를 기념하는 성대한 파티 – 음식, 음료, 선물, 게임이 완비된 – 가 열렸을 때, 어쩌면 그 이벤트의 스트레스가 그녀에게 다른 감정을 유발할 수도 있다(Montemurro 2002). 어쩌면 신부는 몇 시간 동안 관심의 중심에 선다는 것을 즐거워하지 않을 수도 있고, 또는 어쩌면 이질적인 한 무리의 지인들(이를테면 그녀의 친구, 엄마, 시어머니 등등)이 함께 축하하는 것이 불편할지도 모른다. (감사와 행복함이 아니라) 화나 불만을 표현하는 신부는 그릇된 유형의 감정을 경험하거나 드러내는 데 대해 비공식적으로 '비난받았을' 수도 있다. 목격자들은 그녀가 매몰차다고 판단했을 수도 있다.

감정적 일탈을 범하는 두 번째 방식은 감정의 **강도**와 관련되어 있다. 즉, 우리는 특정한 감정을 너무 많이 또는 너무 적게 드러낼 수 있다(Hochschild 1983: 64). 어떤 감정은 전적으로 적절할 수 있지만, 그 감정을 드러내는 양에서는 그렇지 않을 수도 있다. 청혼을 살펴보자. 한 사람이 다른 사람에게 인생의 동반자가 되어줄 것을 요구하는 이 중요한 이벤트는 보통 감정적으로 강렬하다(Bachen and Illouz 1996; Schweingruber, Anahita and Berns 2004). 내가 아는 사람들 대부분이 '한심한' 청혼 태도에 충격을 받은 적이 있다. 청혼자가 무기력한 어조로 밋밋하게 이렇게 말한다고 상상해보라. "오늘 문득 우리가 사이좋게 잘 지낸다는 생각이 들었어. 우리가 너무 많이 싸운 것 같지도 않아. 나는 우리가 결혼하려고 노력해볼 수 있다고 생각해. 잘될지 두고보자고. 어떻게 생각해?"

분명 우리의 감정은 너무 약할 수도 있지만 너무 강할 수도 있다. 우리는 초조, 화, 공포, 심지어는 사랑까지도 필요 이상으로 드러낼 수 있다. 이를테면 학생들은 시험에 대해 과도하게 불안해하는 반 친구들을 피하고 비판하기도 한다(Albas and Albas 1988b). 아니면 홈스쿨링을 하기로 결정한 어머니들은 "과도한 감정적 격함"으로 인해 친구와 친척들로부터 비판을 받을 수도 있다(Lois 2013). 그러한 어머니들은 자신들의 아이들을 과잉보호하고 필요한 정보를 가르칠 수 있는 자신들의 능력에 대해 지나치게 잘난 체하며 자신들의 종교적 또는 도덕적 신념에 과도하게 집착한다는 느낌으로 인해 비난받기도 한다.

감정규칙을 위반하는 세 번째 방식은 **지속기간**, 즉 감정을 부적절한 기간 동안 드러내는 것이다(Hochschild 1983: 64). 다시 말해 누군가는 올바른 감정을 적절한 강도로 가지지만 그것을 너무 짧게 또는 너무 오랫동안에 걸쳐서 경험할 수도 있다. 이를테면 친구의 애완 고양이가 죽었을 때, 당신은 친구가 슬픔을 느낄 것이라고 예상할 수 있다. 하지만 고양이 애호가가 검은 옷을 입고 1년 동안 우울한 기분을 드러낸다면, 당신은 애도가 "지나치게 오랫동안 계속된다"고 생각할 것이다. 부모, 배우자, 또는 아이를 잃었을 때조차 유족은 솔직히 감당할 수 없을 정도로 빨리 슬픔을 '끝내기closure'를 기대받을 수도 있다(Berns 2011). 다른 한편 어떤 남성이 배우자의 사망 직후에 www.match.com에 가입하거나 데이트를 시작한다면, 그는 애도 기간을 충분히 가지지 않았다는 이유로 비공식적으로 '비난'받을 수도 있다.

감정적으로 일탈하는 네 번째 방식은 감정을 너무 빨리 또는 너무 늦게 경험하는 것이다(Hochschild 1983: 66). 만약 우리가 '때 이르게' 반응하거나 '뒤늦게' 반응하는 것으로 보일 때, 우리의 감정은 부적절하거나 부도덕하거나 엉뚱하다고 생각될 수도 있다. 어떤 사람이 감정의 유형, 강도, 지속기간의 측면에서 규범을 따르지만, **타이밍**이 맞지 않는다면 그것은 여전히 감정규범을 위반하는 것일 수 있다. 이를테면 부모가 사망했을 때, 그 사람이 며칠, 몇 주, 심지어 몇 달 동안(지속기간) 깊은 슬픔(유형)을 경험하고 엄청난 눈물을 흘리는(강도) 것은 보통 적절할 것이다. 그러나 만약 어떤 사람이 "어머니가 막 75세를 넘어서서 십 년 안에 돌아가실 것 같기" 때문에 슬퍼하기 시작한다면, 대부분의 사람들은 그 감정표출을 때 이른 것으로 부정적으로 판단할 것이다. 아니면 부모가 세상을 떠났지만 몇 달, 몇 년 후 ─ 어쩌면 결혼식에서 망자의 부재가 냉엄한 현실이 되었을 때 ─ 에 이를 때까지 아이들이 전혀 충격을 받지 않는 시나리오를 상상해보라. 사람들은 부모가 사망한 후 첫 6개월 동안 슬픔을 느낄 것을 기대하지만, 만약 그 후에도 슬픔에서 헤어나지 못한다면 애도자는 적절한 시기에 슬픔을 '끝내기'하지 않았다는 이유로 감정적으로 일탈한 것으로 판단될 수도 있다(또한 Berns 2011; Goodrum 2008도 보라).

좀 더 가벼운 예를 살펴보자. 내가 열 살쯤이었을 때, 나의 어머니는 나를 지역 스토어에서 열리는 한 경품행사에 데려갔다. 그곳에는 장난감으로 가득 찬 거대한 (6피트에 달하는) 크리스마스 양말이 걸려 있었다. 놀랍게도 나는 경품을 받았다. 그러나 나는 나의 어머니가 나를 그런 행사에 참가시키리라고는 전혀 생각하지 못했었다. 왜냐하면 나의 어머니는 내가 그런 기대를 하는 것을 원치 않았기 때문이다. 그 스토어 매니저가 내게 전화해서 내가 자이언트 양말에 당첨되었다고 말했을 때, 나는 당황했다. 나는 어쩔 줄 몰라 하며 가까이에 있던 어머니와 누나에게 "어떤 남자가 내가 큰 양말을 땄대"라고 말했다. 나의 어머니가 전화를 받고 어떤 일이 일어났는지를 알았을 때, 어머니는 내게 그 소식을 전해주었고, 나는 스릴을 느꼈다. 그러나 누나는 전화받기와 관련한 나의 행동에 대해 우려했다. 누나는 "'고맙다'는 말 안 했잖아. 전혀 흥분해서 행동하지도 않고"라고 꾸짖었다. 내가 그 양말을 받고 스토어 매니저에게 감사를 표했지만, 누나는 나의 표현이 너무 약하고(강도) 너무 늦었다(타이밍)고 생각했다.

감정규범을 위반하는 다섯 번째 방식은 감정을 표출하는 **장소**에서 드러난다. 다시 말해 관중과 표출 장소가 부적절한 경우이다(Hochschild 1983: 67). 때때로 우리는 '적절한' 시간에 '올바른' 감정을 경험하지만(경품을 받는 데 대해 즉각 흥분하는 것과 같은), 우리의 감정의 강도와 지속기간이 받아들여질 수 있는 수준에 있을 때조차도 여전히 감정적으로 일탈적일 수도 있다.

이를테면 어떤 여학생이 중간고사에서 'A+'를 받았다면 그녀는 그 등급을 받은 직후 잠시 동안 흥분, 행복감, 그리고/또는 자부심을 표출하리라고 기대받을 수도 있다. 하지만 그녀 옆에 그녀만큼 열심히 공부했지만 시험을 엉망으로 쳐서 'F'와 'D'를 받은 두 친구가 있다고 상상해보자. 그 두 친구는 아마도 그녀가 기쁨을 표현하기 위한 최고의 관중은 아닐 것이다. 사실 그들은 기쁨의 표현을 남의 불행을 고소해하는 이해심 없는 행동으로 판단하고 "그녀의 콧대를 꺾어놓으"려고 할지도 모른다(Harris 1997: 12). 옳든 그르든 간에 'A+'를 받은 학생은 감정적으로 일탈한 것으로 간주되고, 그녀의 동료들로부터 비판, 험담, 또는 배척의 형태로 제재를 받을 수도 있다(Albas and Albas 1988a).

흥분과 자부심 외에 덜 긍정적인 감정들 역시 제자리를 벗어날 수 있다. 이를테면 많은 결혼식에는 그 의식을 속행하면 안 되는 합당한 이유를 아는 사람이 없는지를 큰 소리로 묻는 손님이 초대되곤 한다. 대부분의 사람은 신랑의 퍼스낼리티에 대한 부정적 감상을 떠벌리는 손님을 그러한 우려가 아무리 타당하더라도 비우호적으로 바라본다. 아니면 교실에서 표출하는 슬픔을 살펴보자. 만약 나의 학생 중의 한 명이 친척을 잃어 교실에서 다른 사람들에게 들릴 정도로 흐느껴 울고 있다면, 나는 그 또는 그녀에게 잠시 나가 휴식을 취하거나 나와 개인적으로 만나기를 요청할 것이다.[4] 옳든 그르든 간에 사회화를 통해 학습한 나의 감정규범은 나로 하여금 비록 감정의 유형, 강도, 지속기간, 타이밍이 적절하더라도 교실에서 슬픔을 심하게 표출하는 것은 (보통) 부적절하다고 간주하게 한다(또한 Bellas 1999; Meanwell and Kleiner 2014도 보라).

주

1   어린아이들의 감정의 사회화에 대해 보다 전문적이고 철저하게 개관하고 있는 것으로는 Gordon(1989)을 보라.

2   http://deadspin.com/why-do-tennis-players-say-come-on-so-much-1249903336(2013년 10월 15일 검색).

3   우리는 (감정노동을 다루는) 제5장에서 이 불평등을 더 심층적으로 논의할 것이다.

4   나는 이러한 기대를 나 자신에게도 적용시키는 경향이 있다. 2013년 1월에 나의 아버지가 총기 폭력에 희생되어 비극적으로 갑자기 세상을 떠났다. 내가 일주일 후에 다시 강의하기 시작했을 때, 나는 여전히 충격, 슬픔, 화로 가득 차 있었다. 나는 너무나 미칠 것 같았고 '가르칠 수' 없다고 생각했지만, 강의실에서는 그러한 감정들을 숨겨야 한다는 압박감을 느꼈다.

1. 당신 자신, 당신의 친구, 그리고/또는 당신 친구의 행동을 틀 짓는 감정규범을 적어도 하나 찾아보라. '자연적인' 또는 '당연한' 것으로 보이는 어떤 규범이 왜 실제로 문화적 인지를 설명해보라. 서로 다른 집단(실제적 또는 가상의 집단)의 사람들이 감정규범과 관련하여 서로 다른 일단의 기대를 발전시킬 수 있다는 주장을 개진해보라.

2. 어떤 상황 — 이를테면 가족의 저녁식사, 로맨틱한 데이트, 대학의 파티, 스포츠 이벤트, 또는 어떤 다른 행사 — 을 하나 골라라. 그리고 어떤 사람이 그 상황 내에서 감정적으로 일탈할 수 있는 다섯 가지 방식을 감정의 유형, 강도, 지속기간, 타이밍, 장소 개념을 이용하여 묘사하라.

3. 당신이 앞의 두 연습문제에서 이용한 사례들을 연관시켜 고찰해보라. 어떤 감정규범 — 두 사람 간의 또는 한 사람의 마음 내에서 다투는, 또는 권력이나 우위성을 유지하기 위해 이용하는 — 이 직접적·간접적 사회화를 통해 어떻게 학습될 수 있는지를 설명하라.

>>> **더 읽을거리**

혹실드의 『관리되는 마음』은 감정사회학에 관심 있는 사람들에게는 하나의 결정적인 전거이다. 그 책의 제4장은 감정규범을 보다 상세하게 설명하고 있으며, 또한 정신과 의사가 문제의 감정을 진단하는 데서 감정규범이 수행하는 역할을 논의한다.

Hochschild, A. R. 1983. "Feeling Rules." Chapter 4 in *The Managed Heart*. Berkeley, CA: University of California Press.

고든 클랜턴(이 장의 '관련 연구 집중 탐구'에서 다룬)은 미국인들의 변화하는 감정기준을 연구한 유일한 학자가 결코 아니다. 코체미도바(Kotchemidova)는 3세기에 걸쳐 '쾌활함'의 규범이 우위를 확보해온 과정을 추적하며, 감정에 대한 역사적 접근방식의 감탄할 만한 사례를 제공한다. 역사학자 피터 스턴스(Peter Stearns)의 연구는 아주 장황하지만 또한 본받을 점이 매우 많다.

Kotchemidova, C. 2005. "From Good Cheer to 'Drive-by Smiling': A Social History of Cheerfulness." *Journal of Social History* 39(1): 5~37.

Stearns, P. N. 1994. *American Cool: Constructing a Twentieth-Century Emotional Style.* New York: NYU Press.

사랑에 대한 인식과 사랑 규범에 대한 간결한 비교문화적 연구로는 스티브 데네 (Steve Derné)의 연구가 있다. 이 저자 또한 문화적 변이의 발생을 틀 짓는 사회학적 요인들을 검토한다.

Derné, S. 1994. "Structural Realities, Persistent Dilemmas, and the Construction of Emotional Paradigms: Love in Three Cultures." pp. 281~308 in *Social Perspectives on Emotion*, edited by W. M. Wentworth and J. Ryan. Greenwich, CT: JAI.

도니린 로세케(Donileen Loseke)는 2001년 9월 11일에 감행된 공격 후에 부시 대통령이 했던 네 번의 전국 텔레비전 방송연설을 검토하는 논문에서 감정규범 개념을 확장한다(Loseke 2009). 부시는 '감정코드들' − 느낌 및 그 느낌을 표현하는 방법과 관련한 널리 퍼져 있는 (그러나 결코 보편적으로 받아들여지지는 않는) 문화적 인식 − 을 불러내고 확언했다. 로세케와 쿠센바흐(Loseke and Kusenbach 2008)가 쓴 장은 감정코드라는 관념의 배경을 좀 더 설명하고 있으며, 감정사회학의 중심을 이루는 다른 관념들도 다루고 있다.

Loseke, D. R. 2009. "Examining Emotion as Discourse: Emotion Codes and Presidential Speeches." *Sociological Quarterly* 50: 497~524.

Loseke, D. R. and M. Kusenbach. 2008. "The Social Construction of Emotion." pp. 511~529 in *Handbook of Constructionist Research*, edited by J. Gubrium and J. A. Holstein. New York: Guilford.

대니얼 리그니(Daniel Rigney)는 사회적 규범 개념이 지닌 은유적 함의를 조명함으로써 그 개념을 유익하게 소개한다. 우리가 사회적 상호작용의 암묵적 규칙들을 위반할 때 우리의 동료들은 경찰관, 재판관, 배심원, 집행관의 역할을 할 수 있다.

Rigney, D. 2001. "Society as Legal Order." Chapter 5 in *The Metaphorical Society: An Invitation to Social Theory*. Lanham, MD: Rowman & Littlefield.

03

감정관리

앞 장에서 우리는 감정규범, 다시 말해 우리가 경험하고 표출하는 감정을 지배하는 문화적 기대에 대해 논의했다. 그러한 공식적, (대체로) 비공식적 규칙들은 우리에게 특정한 상황에서 어떤 감정을 느끼거나 표현해야 하는지를 말해준다. 우리의 동료들은 우리에게 명시적인 가르침을 주거나 우리가 따라야 할 암묵적 모델을 제공함으로써 그러한 규칙들을 우리에게 사회화한다. 그러한 규칙들은 우리의 삶에 스며들어 우리에게 그 규칙에 '부합하게' 살려고 노력할 것을 요구한다.

따라서 우리는 제2장에서 몇 가지 질문을 제기했다. 우리는 감정규범에 어떻게 대처하는가? 우리의 감정이 다른 사람의 기대에 부합하지 않을 때 우리는 어떻게 하는가? 우리는 만연하고 복잡한 그러한 규칙들을 위반하는 것을 (대체로) 어떻게 피하는가?

제3장에서 우리는 사람들이 감정을 통제하기 위해 이용하는 상호작

용 전략들을 검토할 것이다. 사람들은 자신의 감정경험과 감정표출을 틀 짓는 일에 많은 노력 – 자주 성공하지만 항상 성공하지는 않는 노력 – 을 기울인다. 무대 위의 배우처럼(Goffman 1959), 인간은 자신의 감정을 연기하거나 관리하여 관객들이 보고 생각하는 바를 조작할 수 있다. 우리는 감사하는 척하거나 확신하는 척함으로써 자신의 감정을 '가장' 할 수 있다. 아니면 방법학파 배우들처럼(Hochschild 1983: 38), 배역에 몰입하여 그 배역이 요구하는 감정 상태를 만들어냄으로써 실제로 감사하거나 확신하는 것처럼 보이게 하기 위해 노력할 수도 있다.[1]

표면 연기

사람들이 자신의 감정을 통제할 수 있는 가장 단순한 방법은 이른바 가면을 쓰는 것이다. 우리는 우리가 실제로 느끼지 않는 감정을 표출하고자 시도할 수 있다. 인간은 일부러 감정을 숨기거나 가장하거나 과장할 수 있다. 사회학자들은 이를 **표면 연기**surface acting라고 부른다. 이는 **우리가 느끼는 것으로 보이는 방식을 관리하는 것**으로 정의할 수 있다 (Hochschild 1983: 37).

표면 연기 개념은 다른 사람들이 우리의 감정에 대해 감지하는 것을 통제하기 위해 우리가 가져야만 하는 광범위한 일련의 테크닉들을 우리가 인지할 수 있도록 도와준다. 당신이 보잘것없는 것으로 간주하는 선물을 당신이 (어쩌면 당신의 생일선물로) 받는다고 상상해보라. 어쩌면 그것은 당신이 결코 입지 않을, 할머니로부터 받은 스웨터일 수도 있다. 당신은 정직하게 말할 수도 있다. 이를테면 "와우, 할머니, 이 선물 정말 어이없네요. 이것 때문에 내가 할머니한테 '감사'장을 보낼 거라고는 기대하지도 마세요!"라고. 그러나 그것은 잔인한 짓일 것이고, 아마도 당신 가족의 기대에 어긋날 것이다. 당신 할머니의 감정을 보호하기 위해, 그리고 당신 가족이 그러한 감정규범의 극악한 위반에 가할 수도 있는 여러 종류의 제재를 피하기 위해 당신은 그 스웨터에 대해 흥분과 감사를 느끼는 척할 수 있다. 당신은 다양한 전술을 통해 마치 당신이 그것을 다른 무엇보다 좋아하는 것처럼 연기할 수 있다. 명확하게 하기 위해 그중 다섯 가지 전략을 이 스웨터의 사례를 이용하여, 그리고 감정 연구자들이 수행한 연구와 비교하면서 항목별로 나누어 살펴보기로 하자.

다섯 가지 표면 연기 전략

말 선택하기

인간은 자신이 느끼지 않는 어떤 것을 느끼고 있다는 인상을 주기 위해 주의 깊게 자신의 말을 선택할 수 있다. 따라서 당신은 할머니의 선물에 대해 솔직하지만 잔인한 말("이건 정말 어이없네요!")을 하기보다는 덜 솔직하지만 더 점잖은 말("좋아요 – 고마워요! 색깔이 멋져요!")을 선택할 수 있다. 그리고 비록 당신이 그 스웨터를 다른 사람 앞에서 언젠가 입을 것이라고 생각하지 않더라도, 당신은 이렇게 선언할 수도 있다. "마음에 들어요! 학교와 일터 모두에서 입을 수 있을 것 같아요. 정말 멋져요!"

유사하게 교사들은 학생들이 때때로 유발하기도 하는 지루함, 초조함, 또는 심지어 화의 감정을 숨기기도 한다. 많은 강의자가 수업시간을 활기차게 만들고자 하면서도 정중한 탐구와 토론이라는 감정적 방침을 설정하려 하기도 한다(Bellas 1999; Roberts and Smith 2002). 이를테면 강의자는 부정적 반응을 자제할 목적에서 좀 더 차분하고 긍정적인 태도로 수업에 임함으로써 공격적인 논평을 할 수도 있는 경우에 "좋은 주제를 제기하네요"라고 말하기도 한다. 또는 교사가 (적어도 때때로) "오늘 다룰 내용은 너무 많이 가르쳐서 아주 싫증나"라고 말하고 싶을 때에도 그는 "우리는 오늘 흥미로운 주제를 다룰 거야"라는 말로 수업을 시작하기도 한다.

목소리의 톤

만약 당신이 달갑지 않은 선물에 대한 당신의 진짜 감정을 표현하고자 한다면, 당신은 부정적인 목소리 톤을 이용하여 당신이 실제로 느낀 냉담함, 실망, 또는 불만을 전달할 것이다. "고마워요"라는 말조차도 빈정거리는 방식으로 내뱉을 수 있다. 그렇게 하는 대신 당신은 감격하고 감사하는 척하는 긍정적인 목소리 톤을 채택하여 표면 연기를 할 수도 있다. 지겨워하거나 귀찮아하는 듯한 말투로 살짝 한숨 쉬며 "고맙게 생각해"라고 말하는 것과 더 높은 음조의 큰 소리로 "고마워"라고 말하는 것을 상상해보라.

유사하게, 그러나 매우 다른 맥락에서 911 전화 응답자들은 잠재적으로 불안정한 상황을 자극하기보다는 신속하게 상황을 개선하기 위해 신중하게 자신들의 목소리 톤을 모니터링할 필요가 있다. 트레이시와 트레이시(Tracy and Tracy 2009)는 한 서부 도시 경찰서의 911 훈련 매뉴얼을 검토하고 다음과 같은 지침들을 발견했다.

- 우호적으로든 비우호적으로든 아무런 개인적 감정을 드러내지 말 것. 당신의 목소리 톤에 주의하라. 한결같은 안정된 속도로 말하려고 노력하라.
- 당신의 목소리 톤이 지겨워하거나 무정한 것처럼 들리게 하지 말 것. …… 전화 건 사람에 대한 관심을 표명하라.
- 전화 건 사람이 '비상상황'에 해당하는 것이 무엇인지를 제대로 이해하지 못한다고 무시하지 말 것(Tracy and Tracy 2009: 400에서 따옴).

이러한 지시를 놓고 볼 때, 우리는 전화 응답자들이 (특히 그들 목소리의 울림이 전화 건 사람이 접근할 수 있는 모든 것이기 때문에) 목소리 톤을 통해 상당한 정도로 표면 연기를 할 것으로 예상할 수 있다. 전화 응답자가 전화 건 사람으로 인해 짜증나거나 자극받거나 당황할 수도 있다. 하지만 조직의 감정규칙을 준수하기 위해 그 노동자는 중립적이지만 염려하는 듯이 보이는 톤을 채택함으로써 자신의 감정을 감출 것이다. 만약 그렇다면, 그것은 표면 연기의 비교적 분명한 사례가 될 것이다.

얼굴표정

사람들은 우리의 말과 목소리의 울림을 주의해서 듣는다. 사람들은 또한 우리의 얼굴표정을 유심히 살펴봄으로써 우리의 감정표출을 모니터링할 수 있다. 원래의 예로 되돌아가보자. 할머니가 당신에게 준 스웨터 때문에 짜증나서 당신이 얼굴을 찡그리거나 관심 없는 멍한 표정을 지었다는 것을 할머니가 알아챌 수도 있다. 게다가 당신이 보인 반응은 상처를 주는 것으로, 그리고 감정적으로 일탈적인 것으로 해석될 수도 있다. 이러한 선택지들을 감안하여, 당신은 억지로 웃기로 (그것도 입을 다물고 싱긋 웃는 것이 아니라 치아를 다 드러내고 웃기로) 결정할 수도 있다. 당신은 심지어 당신의 눈을 크게 뜨고 입을 크게 벌리고 "우~와와와, 근사한 스웨터네요, 할머니!"라고 말할 수도 있다. 분명히 당신은 아마도 전통적으로 빈정거림을 상징하는, 즉 눈을 치켜뜨거나 굴리는 것을 피하고 싶어 할 것이다.

서로 다르지만 유사한 예를 도박의 영역에서도 쉽게 발견할 수 있다. 포커를 몇 판 쳐본 사람은 자신의 허세부리기 — 약한 패에 많은 돈을 거는 것 — 수법을 검증해볼 수도 있다. 동료들은 다른 지표들 가운데서도 얼굴표정을 면밀하게 살펴볼 것이다. 그것이 무언가를 '말해주기' 때문이다. 보다 능숙한 도박꾼은 일부러 허세부리는 것을 간파 당하게 해놓고, 다음 기회에 더 크고 엄청난 허세부리기를 완수하기 위해 심지어 (제조된) 좌절의 표정을 짓기도 한다(Zurcher 1970).

인간은 얼굴표정을 조작하는 데 얼마간 능숙하다. 그리고 이는 친구, 가족, 동료, 모르는 사람들과 상호작용할 때 거의 모든 사람이 시도할 수 있는 전술의 하나이다. 의대생들조차도 시체나 환자와 상호작용하기 시작할 때, 소심함, 혐오, 또는 성적 끌림을 드러내는 어떠한 표정도 숨기는 학습을 해야만 한다(Smith and Kleinman 1989).

신체적 제스처

만약 당신이 솔직하게 당신의 감정을 표출했다면, 당신은 탐탁지 않은 짧은 소매의 스웨터를 "할머니, 이 선물 정말 짜증나. 나 이 옷 안 입을 거야!"라고 말하기나 하듯이, 냉정하게 던져버렸을 수도 있다. 그 대신 속 좁고 감사할 줄 모르는 것처럼 보이는 것을 피하기 위해 당신은 정반대 인상을 주는 표면 연기를 하기로 결정했을 수도 있다. 당신은 방에 있는 모든 사람이 볼 수 있게 스웨터를 높이 치켜들어 보인 후 당신의 가슴에 대고 스웨터의 '부드러운 천'이나 '잘 맞는 사이즈'에 대해 이야기했을 수도 있다. 당신은 심지어 당신의 할머니를 열정적으로 껴안기 위해 방을 빠르게 가로질러 갔을 수도 있다.

비록 아주 다른 상황이기는 하지만, 관련된 하나의 예를 성폭행 관련 종사자들에 대한 마틴(Martin 2005)의 연구에서도 발견할 수 있다. 경찰관, 검사, 의사, 간호사, 피해자 대변자 및 여타 인사들은 성폭행 희생자들을 다룰 때 다양한 감정관리 전략을 사용한다. 관련 종사자들은 자신들이 다른 감정 또는 혼합된 감정 — 불편, 경멸, 좌절, 화, 그리고/또는 슬픔과 같은 — 을 경험하면서도 진정한 돌봄과 우려의 이미지를 의도적으로 정교하게 만들어낸다. 한 부보안관은 다음과 같은 방식으로 자신의 표면 연기를 설명했다.

> 나는 피해자보다 나를 낮추기를 좋아해요. 만약 그녀가 서 있다면, 나는 앉아요. 만약 그녀가 앉아 있다면, 나는 바닥에 누워요. 나는 그녀의 손을 잡고, 그녀는 내가 운전하는 동안에조차 내 손을 놓지 않아요. 한번은 한 소녀가 해변에서 성폭행을 당했고, 그녀와 그녀의 엄마가 [경찰차의] 뒷자리에 앉았어요. 그리고 그녀는 내가 운전하는 동안 내 어깨 너머로 나의 손을 잡았어요. …… 그녀는 나를 완전히 신뢰했어요. 그녀는 내게 모든 사소한 일까지 말했어요. 그것은 그녀에게 …… 그리고 우리에게 [수사하는 데서] 경이로운 일이었어요(Martin 2005: 209).

여기서 우리는 부보안관이 유죄판결을 얻어내는 데 도움이 되는 정보를 찾을 때 피해자에게 공감과 지원 — 그리고 어쩌면 그가 피해자 '위에' 그리고 피해자와 '따로' 있기보다는 피해자와 '함께' 그리고 피해자를 '위해' 있다는 의미 — 을 전달하려고 시도하는 가운데 신체적 제스처를 이용했다고 인식할 수 있다.

옷 입기

어떤 경우에는 우리가 입는 옷이 우리가 우리의 동료에게 느끼고 있는 것을 전달할 수 있다. 당신의 할머니에게 선물에 대한 감사의 마음을 전달하기 위해 당신은 전략적으로 옷을 입을 수도 있다. 이를테면 당신은 할머니 앞에서 스웨터를 '입어'보고, 그런 다음 가족모임이 지속되는 동안 그 옷을 계속해서 입고 있었을 수도 있다. 아니면 당신이 좀 더 생각할 경우, 당신의 할머니에게 당신이 할머니의 선물을 '정말로' 좋아하고 고맙게 여긴다는 것을 확신시키기 위해 다음번에 할머니를 만날 때(어쩌면 두 달 후의 다른 가족모임에) 그 스웨터를 챙겨 입을 수도 있다. 여기서 당신이 옷에 대해 내린 선택은 표면 연기라고 부를 수 있을 것이다. 왜냐하면 당신은 당신이 느끼는 것으로 보이는 방식을 관리하는 중이기 때문이다. 다시 말해 당신은 당신의 옷 선택을 통해 감사와 감격을 극적으로 표현하고자 노력하는 중이다.

유사하게 여유 있고 쾌활해 보이기를 원하는 사람은 카키색 반바지에 밝은 하와이식 '파티' 셔츠를 입을지도 모른다. 그러한 의상은 로펌 면접에는 부적절할 것이다. 그곳에서는 면접자의 면면과 진지한 태도를 전하기 위해 정장이 선택될 가능성이 크다. 미국인들은 상중에 자신의 슬픔을 표현하기 위해 대개 검은 옷을 입는다. 나른 한편 검은 란제리는 연애 파트너에게 욕정적 감정을 표출하기도 한다. 감정과 색깔 간의 관계는 문화 내에서 그리고 문화마다 다르다(Fine et al. 1998). 많은 나라들(중국, 인도, 일본과 같은)에서 애도와 관련된 옷은 대부분 검은 색이 아니라 흰색이었다(Taylor 2009: 209).

아마도 틀림없이 의사의 흰색 가운(또는 수술복)은 특정한 감정적 경향 — 진지함, 비개인화, 과학적 합리성 — 을 전할 것이다(Emerson 2001). 한 벌로 이루어진 옷은 '거친 사내' — 거칠고 비열하고 공격적인 태도를 드러내기 위해 전략적으로 가죽 재킷, 금속 스파이크, 부츠를 선택한 것처럼 보이는 청소년 — 의 옷과 좋은 대비를 이룬다(Katz 1988). 아마도 우리는 보다 직접적인 예를 레스토랑 체인점인 텍사스 로드하우스Texas Roadhouse 에서 발견할 수 있을 것이다. 그곳 직원들은 "I ♥ my job!"이라고 선언하는 옷을 입고 있다.[2] 거기서 옷의 선택 — 필시 고용주가 명령했을 — 은 어떤 순간에 피고용자가 느끼는 것과는 무관하게 손님이라는 관중에게 어떤 특별한 감정을 전달하기 위해 기획된 것이다.

이 표면 연기 전략 목록은 완전한 것이 아니다. 사람들은 사랑, 자부심, 또는 어떤 다른 감정을 전달하기 위해 자신들을 물리적 대상(포스터, 사진, 배지, 트로피와 같은)으로 둘러쌀 수도 있다. 신중하게 선택된 문신(일시적인 또는 영구적인)이 머리 모양이나 메이크업과 동일한 목적에 기여하기도 한다. 사람들은 창조적이다. 그리고 그들은 일련의 세속적인 표면 연기 전략들을 고안하거나 채택하기도 한다. 디지털 세계에서조차 Lol, :-) 같은 두문자어와 이모티콘이 이용되어왔다(Derks et al. 2008).

그럼에도 불구하고 이 짧은 목록은 다음과 같은 일반적인 주장을 하고 있다. 인간이 표현하는 감정은 단지 자연적인 것이거나 피할 수 없는 것이거나 자동적인 것이 아니다. 오히려 사람들은 자신이 표현하는 감정에 '작업'을 할 수 있다. 인간은 자신들의 말, 목소리 톤, 얼굴표정, 신체적 제스처, 전략적 옷 선택을 함으로써 자신의 감정을 '꾸며내'거나 적어도 바꾸어 표현할 수 있다. 우리는 우리가 어떤 선물에 대해 느끼는 감사를 과장하여 겉으로 드러낼 수 있고, 우리가 취업 인터뷰에서 경험하는 긴장감을 숨기거나 가게에서 긴 줄을 서서 기다리면서 느끼는 짜증을 감출 수도 있다.

심층 연기

감정관리는 표면 연기에서 끝나지 않는다. 인간은 **자신이 실제로 느끼는 방식을 관리**하는 방식으로 **심층 연기**를 할 수도 있다(Hochschild 1983: 42). 때때로 사람들은 덜 긴장한 것처럼 보이기만을 원하는 것은 아니다. 그들은 실제로 덜 긴장**하기**를 원한다. 어떤 경우에 우리는 우리 자신이 더 많은 감사를 또는 더 적은 좌절감을 (단지 가장하는 것이 아니라) 실제로 느끼기를 원할 수 있다. 우리는 다른 사람들에게 주는 인상을 틀 짓기 위해 (이를테면 우리가 감정적으로 일탈적이지 않다는 것을 보여주기 위해) 심층 연기를 할 수 있다. 그게 아니라면, 우리는 우리 자신의 이득을 위해 심층 연기를 하기도 한다. 왜냐하면 우리는 보다 바람직해 보이는 감정 상태를 추구하기 때문이다.

세 가지 심층 연기 테크닉

사람들이 자신의 감정을 조절하기 위해 사용할 수 있는 심층 연기 전략에는 적어도 세 가지 종류가 있다. 마지막 범주 ― 인지적 심층 연기 ― 가 가장 흥미롭고, 아마도 가장 널리 사용되고, 사회학자들에 의해 가장 철저하게 연구되어왔다. 우리는 그러한 테크닉들을 이용하여 약하게 느끼거나 느끼지 않는 감정을 불러일으킬 수도 있고 원치 않는 감정을 억누르거나 어떤 감정 상태를 완전히 다른 경험으로 변경시키고자 노력할 수도 있다(Hochschild 1979).

신체적 심층 연기

당신이 느끼는 방식을 변화시키기 위해 시도하는 한 가지 방법은 당신의 몸 ― 보다 구체적으로는 당신의 신체적 각성 수준(다시 말해 '흥분한' 또는 '진정된' 상태) ― 에 집중하는 것이다. 이를테면 화나 좌절은 때때로 우리로 하여금 우리의 피가 '끓는' 것처럼 느끼게 만들 수 있다. 우리는 폭발하려는 부정적 성향을 억누르거나 하듯이, 우리의 주먹을 꽉 쥐고 이를 악물기도 한다. 그리고 그러한 감정을 약화시키기 위해 개인들은 다양한 방식으로 몸에 어떤 조치를 의도적으로 취하기도 한다. 우리는 무례하다는 인상을 줄 수도 있는 무언가를 말하거나 행하기에 앞서 서서히 숨을 깊이 쉬고 쥐었던 주먹을 펴고 열까지 세어 마음을 진정시키기도 한다.

우리는 유사한 예들을 사회적 삶의 여러 영역에서 발견할 수 있다. 알바스와 알바스(Albas and Albas 1988a/b)의 연구에서는 일부 대학생은 시험으로 인해 예민해진 신경을 완화시키기 위해 목욕을 한다고 보고했다. 펜 씹기, 가볍게 다리 흔들기 및 여타 전략들 또한 과도한 신경 에너지를 떨쳐버리기 위해 이용되었다. 자해 ― 신체 절단하기, 분신하기, 타박상 입히기 등 ― 에 대한 연구들은 그러한 일들이 감정을 관리하기 위한 시도로 실행되기도 한다는 것을 발견했다(Adler and Adler 2011; Chandler 2012). 인터뷰 응답자들은 자신들이 통제감을 느끼기 위해, 부정적 감정을 덜어내거나 그것으로부터 탈출하기 위해, 그리고 '마비상태'를 극복하기 위해 자해한다고 말했다. 한 관련된 (그러나 덜 모진) 사례에서 혹실드(Hochschild 1983: 113)가 연구한 한 승무원은 제멋대로 구는 고객에 대해 자신은 신체적 방식으로 대처했다고 말했다. "나는 얼음을 씹어 그냥 나의 화를 으깨 부셔버려요."

신체적 감정작업은 홍분되기 위해 또는 진정시키기 위해 행해지기도 한다. 너무 홍분된 것과 너무 느긋한 것 사이에는 자주 종이 한 장의 차이가 존재하거나 어쩌면 미묘한 타협점이 존재할 수 있다. 운동선수와 학생은 모두 최적의 각성 수준 ─ 너무 긴장/홍분된 상태와 너무 담담하거나 편안한 상태 사이의 어딘가에 있는 상태 ─ 을 추구한다고 보고한다(Albas and Albas 1988b; Peterson 2014). 너무나 홍분되는 (또는 초조해하는) 것은 과도하게 여유부리는 (또는 긴장이 풀려 대충 하는) 것만큼이나 시험이나 경기장에서 누군가의 성과를 방해할 수 있다. 스포츠 경기장에서 하는 의례적 행동 ─ 때때로 미신적 행동으로 치부되는 ─ 은 때때로 긴장하는 것과 마음을 느긋하게 먹는 것 간의 균형을 유지하려는 노력일 수도 있다. 이를테면 테니스 선수들은 볼을 강하게 치는 상대방의 서비스를 받을 준비를 하기 위해 펄쩍펄쩍 뛰고, 그런 다음 머리를 앞뒤로 흔들기도 한다. 아니면 야구 선수들이 하는 여러 습관적인 몸짓을 살펴보라.

타석에 들어설 때 …… 나는 작은 의례를 거친다. 나의 배딩용 장갑을 잡아당겨 조금 더 죄고, 나의 스파이크 운동화를 배트로 친다. 나는 항상 배트가 나의 왼손에 있게 한다. 나는 뒷발을 먼저 디디어 편안한 자세를 잡고, 나의 헬멧을 세 번 치고, 배트를 세워들고, 마음을 느긋하게 하는 스윙을 한다(Snyder and Ammons 1993: 127).

이러한 종류의 행위의 목적이 몸을 자극하여 긴장, 확신, 집중력을 적절하게 섞어 감정을 틀 짓기 위한 것이라면, 이러한 행위는 신체적 심층 연기로 해석될 수 있다. 유사하게 학생들은 시험 준비를 하거나 시험을 볼 때 신경을 안정시키고 각성도를 증가시키려는 노력의 일환으로 음식,[3] 카페인, 담배 및 여타 물질의 섭취량을 조절한다(Albas and Albas 1988b).

표출적 심층 연기

감정을 조절하는 두 번째 테크닉 – 표출적 심층 연기 – 은 신체적 심층 연기와 관련되어 있지만 구별될 수 있다. 이 전략의 목적은 우리의 감정표출을 변화시켜 우리의 내적 감정이 우리가 외적으로 드러내는 모습과 부합하게 하는 것이다(Hochschild 1979: 562). 이를테면 사람들은 마음이 '울적'할 때, 자신의 기분이 좋은 듯이 보이게 하기 위해 즐겁게 행동하기로 결정할 수 있다. 나중에 당신이 약간 우울하거나 무기력하다고 느낄 때, 이 테크닉을 시험해보라. 당신의 얼굴에 억지로 웃음을 짓고, 당신의 발보다 위쪽을 바라보고, 당신의 발걸음에 생기를 넣어준 후 당신의 기분이 좀 나아졌다고 느끼는지를 체크해보라. 때때로 "그러한 연기적 행위하기가, 겉으로 표현된 상태와 연관된 내적 기분을 산출할 수도 있다"(Thoits 1985: 235). 표출적 심층 연기는 또한 긴장을 완화하기 위해 사용될 수도 있다. 알바스와 알바스(Albas and Albas 1988b)의 연구에서 소수의 학생은 보다 학생답고 자신감 있게 보이기 위해 (그리고 그럼으로써 그렇게 느끼게 하기 위해) 시험을 볼 때 격식을 갖춰 교복을 입었다. 하지만 대부분의 다른 학생은 시험기간에 간편하게 옷을 입는 경향이 있었다. 여유 있는 겉모습을 취하는 목적이 (적어도 부분적으로) "시험이라는 행사가 주는 딱딱함을 [줄이고] 시험을 보다 일상적인, 거의 집에서 하는 일처럼 만듦"으로써 신경을 안정시키는 것이라면 그것 또한 표출적 심층 연기의 한 형태일 수 있다(Albas and Albas 1988b: 265).

흥미롭게도 "이룰 때까지 이룬 척하라"라는 표현은 감정적 스핀을 거는 것일 수 있고, 따라서 표출적 심층 연기와 연계되어 있을 수 있다. 화장품회사 메리케이Mary Kay의 창업자는 그녀의 책 『사람 관리에 대하여On People Management』에서 관리자들더러 노동자들에게 열정적으로 일하는 사람의 귀감이 되라는 충고를 하면서 이렇게 말한다. 일하러 가고 싶은 마음이 나지 않는 날, 관리자들은 "열정적으로 행하려고" 노력해야만 한다. "그러면 당신은 열성적이 될 것이다"(Ash 1984: 61).

그런 일이 있을 것 같지 않다고 생각할 수도 있지만, 표출적 심층 연기가 부정적 감정을 억누르거나 변형시키기보다 그러한 감정을 산출하는 데 이용될 수도 있다. 어떤 운동선수는 기분 좋은 동지애의 감정을 불안과 공격심으로 전환하고자 하는 바람에서 웃는 얼굴을 성난 얼굴로 바꾸기도 한다. 이 전략은 "결의에 찬 표정을 짓는다"는 표현을 생각나게 한다(Gallmeier 1987 참조). 또는 때때로 사람들은 슬픈 마음이 들게 하기 위해 억지로 울려고 노력하기도 한다. 이 전술은 긍정적 감정이 부적절한 것으로 간주될 때(이를테면 먼 친척의 장례식에서), 애도 절차가 (늦추어지거나 연장되기보다는) 시작되기를 바랄 때, 또는 어떤 개인이 단독 또는 집단 치료요법 세션에 전적으로 참여하기를 원할 때 이용될 수 있다(이를테면 Thoits 1996을 보라).

표출적 심층 연기 개념은 일부 학생들을 헛갈리게 한다. 그것은 두 가지 이유 때문이다. 첫째, 그것은 신체적 심층 연기와 유사해 보인다. 그 차이는 미묘하지만 아주 분명하게 진술될 수 있다. 표출적 심층 연기는 (신체적 심층 연기처럼) 단지 당신의 신체적 각성을 변화시키는 데 그치는 것이 아니라 내부에 특정한 감정 상태를 만들어내어 그 감정을 밖으로 드러내기 위한 보다 구체적인 노력을 포함한다.

두 번째 혼동은 표면 연기와의 복잡한 중첩으로 인해 발생된다. 이를 테면 우리가 불쾌하지만 억지로 웃음을 지음으로써 다른 사람에게 우리가 느끼는 것으로 보이는 방식을 관리할 때, 표면 연기가 이루어진다는 점을 상기하라. 표면 연기의 목적은 다른 사람들이 우리의 감정을 바라보고 그 감정에 대해 생각하는 바를 관리하는 것이다. 만약 당신의 목적이 당신이 실제로 느끼는 방식을 (외적 표출을 이용하여 당신의 내적 감정에 영향을 미침으로써) 관리하는 것이라면, 그것은 표출적 심층 연기이다.[4] 요컨대 사람들의 목적이 감정을 꾸며내는 것에서 감정을 만들어내는 것으로 전환할 때, 표면 연기는 심층 연기가 될 수 있다.

인지적 심층 연기

사람들이 자신의 감정을 변경시키고자 노력하는 방법 가운데 가장 흥미로운 것은 인지적 심층 연기이다. 이 전략은 사람들이 상황에 대해 다르게 느끼기 위해 그 상황에 대한 자신들의 관점을 변화시킬 때 이용된다. 우리가 현재 느끼는 것과 다르게 느끼고자 할 때, 우리는 우리의 마음속에 떠오르는 생각, 관념, 이미지를 '조정'하거나 조작할 수 있다.

이를테면 시험에서 나쁜 등급을 받은 후에 일부 학생들은 실망감과 슬픔, 또는 심지어 수치심을 느낄 수도 있다. 그들은 그러한 부정적 감정을 줄이거나 긍정적 감정을 불러일으키기 위해 자신의 마음을 다른 종류의 생각으로 돌리려고 노력할 수 있다. 어떤 학생들은 나쁜 등급이 갖는 중대함을 최소화하기 위해 상황이 그리 나빠진 않다고 자신에게 말함으로써 그 등급을 정당화하기도 한다(Scott and Lyman 1968). "그 'C' 등급은 별 문제될 거 없어. 그건 네가 대학에서 볼 수많은 시험 중에서 단지 하나에 불과해. 이 수업은 중요하지 않아. 그건 내 전공과목의 일부가 아니니까. 내가 졸업하고 5년이 지나면 아무도 내 대학교 평점이 어땠는지에 관심을 가지지 않을 거야." 다른 한편 일부 학생들은 자신의 성적을 자신의 통제권 밖에 있는 요소에 돌림으로써 그것에 대해 '변명'하기도 했다(Scott and Lyman 1968). "약간 불길한 생각이 들었어. 시험 보는 날 아팠거든. 그러니까 내 점수가 낮은 것은 실제로 내 잘못이 아냐." "만약 내가 일로 그렇게 바쁘지 않았다면 그 시험에서 'A를 받았을' 게 확실해."

유사하게 4-H 성원들도 자신들이 키운 동물을 도살하러 보낼 때 연민과 슬픔을 느끼기도 한다. 그들은 그러한 부정적 감정을 관리하기 위해 자신에게 "신은 우리에게 동물을 음식으로 주셨다"고 말한다(Ellis and Irvine 2010: 30). 동물을 객관화하고 동정심을 억누르고 도살을 운명처럼 보이게 만들기 위해 귀여운 이름('컵케이크', '제시')이 의도적으로 회피되고 '가축', '시장 유통 동물'과 같은 용어들이 사용될 수도 있다. 이처럼 인지적 심층 연기는 도구적 용도로 모질게 이용되는 동물을 사육하고 돌보는 것에 대한 감정 투쟁을 관리하기 위해서도 이용될 수 있다(Ellis and Irvine 2010: 31).

또는 당신이 고객들의 은퇴 계획을 돕는 재정 상담원이라고 상상해보라. 신참 또는 중간 경력의 상담사로서 당신이 저축한 돈은 백만 달러 또는 천만 달러를 모은 부유한 고객에 비해 매우 초라해 보일 수도 있다. 당신은 고객에게 시기심을 느끼고 당신의 순자산이 머리에 떠오르면서 당혹감을 느낄 수도 있다. "돈으로 행복을 살 수 없다"는 주문을 반복해서 외우는 것은 그 상황에서 하나의 인지적 심층 연기 전략일 수 있다(Delaney 2012: 124~125). 당신은 또한 은행계좌에 적은 돈을 가지고 있다는 것이 그렇게 나쁘지는 않다는 것을 스스로에게 확신시키기 위해 일부러 엄청나게 부유하면서도 엄청나게 불행한 고객과의 미팅을 생각해낼 수도 있다. 더 나아가 당신은 당신이 어렵게 벌어 모은 자금을 더 자랑스럽게 느끼도록 하기 위한 방법의 하나로 돈을 상속받은 고객들에게 당신의 마음을 집중할 수도 있다. 마지막으로, 당신은 당신의 매우 넉넉한 생활수준에 더 만족하기 위한 하나의 방법으로 가난하게 살고 있는 미국의 엄청난 수의 사람들과 전 세계의 수십억 명의 사람들을 생각하기로 마음먹었을 수도 있다.

아마도 대부분의 재정 상담원은 시기심이나 불만족을 억누르기 위한 방법으로 부유한 고객을 피하기로 마음먹지는 않을 것이다. 하지만 많은 경우에 사람들은 자신의 의식 속으로 들어오는 사람 또는 대상을 제한하고자 노력한다. 시험 전에 침착함을 유지하고자 하는 학생은 전전긍긍하는 반 친구들을 가까이 하지 않기도 한다(Albas and Albas 1988b). 어떤 사람들은 조정이 잘 되지 않고 리듬이 끊어져서 당혹스러웠던 기억 때문에 스포츠와 댄스가 포함되지 않은 친선 야유회를 열기도 한다(Harris 1997). 어떤 투수는 게임 동안에, 그리고 심지어는 게임에 들어가기 전에도 집중력을 유지하기 위한 하나의 방법으로 모든 대화를 피하기도 한다(Snyder and Ammons 1993). 어떤 의대생은 꺼림칙할 경우 극히 신중을 요하는 수술을 늦추거나 모면하려고 노력하기도 한다(Smith and Kleinman 1989). 사회문제(이를테면 기후변화, 그들 지역사회에서의 인종차별주의)와 관련한 공포, 무기력, 또는 죄책감을 경험한 사람들은 그 주제에 관한 어떤 뉴스도 피하기로 결정하기도 한다(Norgaard 2006). 그리고 개인들은 실패한 연애나 가족의 죽음과 같은 것을 생각하지 않기 위한 하나의 방법으로 아주 장시간에 걸쳐 텔레비전을 시청하는 데 몰두하기도 한다.

나의 예들이 함의하는 것처럼, 인지적 심층 연기는 빈번히 부정적 감정을 억누르거나 긍정적 감정을 만들어내기 위해 이용되었다. 하지만 정반대 역시 발생할 수 있다. 사람들은 일부러 부정적 감정(또는 적어도 부정적 감정과 긍정적 감정의 혼합물)을 산출하기 위해 노력하기도 한다. 이를테면 추심원들은 채무자들에게 '거짓말쟁이'나 '사기꾼'이라는 딱지를 붙임으로써, 그리고 그들의 건강문제나 실업에 대한 이야기를 진지하게 받아들이지 않음으로써 채무자에 대한 자신의 화를 돋우기도 한다(Hochschild 1983: 143). 의대생들은 때때로 거북한 감정을 화나 우월감으로 바꾸는 하나의 방법으로 환자의 성격이나 행동의 결함에 초점을 맞추거나 그 결함들을 과장하기도 한다(Smith and Kleinman 1989: 63). 경찰관들은 공중의 행동에 대한 욕구불만을 재미와 도덕적 우위성뿐만 아니라 화로 전환시키는 하나의 방법으로 (사적인 대화에서) 시민들을 조롱하기도 한다(Pogrebin and Poole 2003: 86). 홈스쿨링을 하는 어머니들은 자신의 일상적인 업무량으로 인해 화가 나고 자신을 주체하지 못하겠다고 느낄 때면 자신이 아이와 함께하는 고품질의 시간을 포기했을 경우 (차후 수십 년) 느낄 수도 있는 후회를 상상함으로써 기분을 변화시키기도 했다(Lois 2013: 125~126).

아니면 스포츠 행사와 장례식으로 돌아가보자. 두 상황에서 사람들은 상대적으로 '좋은' 감정을 상대적으로 '나쁜' 감정으로 바꾸고자 시도하기도 한다. 운동선수들은 흥분과 공격성을 불러일으키기 위해 자신들에게 많은 것을 말하기도 한다. "어서 정신 차려! 이게 중요해! 그 얼간이를 때려 눕혀! 패배자가 되지 마!" (나의 테니스 친구는 이 전략을 '당신 안의 나쁜 놈 해방시키기'라고 부른다.) 유사하게 장례식에 가는 사람들은 자신이 그 행사의 감정적 경향에서 이탈하고 있다는 것을 알아채기도 한다. 사회적 기대에 순응하기 위해, 그리고 자신들이 망자에 대해 가지고 있는 경의를 전달하기 위해 사람들은 죽음과 상실에 초점을 맞춤으로써 슬픔을 불러일으키고자 노력하기도 했다. "나는 이제 나의 할아버지를 다시는 볼 수 없습니다. 할아버지는 아주 다정한 분이셨어요. 나는 할아버지가 나의 대학 졸업식에 참석하길 바랐어요!" 이러한 종류의 생각은 딴 생각을 하는 것 — 이를테면 "그 피아노 연주자는 정말 대단해", "리셉션에 어떤 종류의 음식이 나올지 궁금하네" — 에 비해 바람직한 감정을 산출하여 그것을 적절하게 표출할 수 있게 해주기도 한다.

신체적 심층 연기, 표출적 심층 연기, 인지적 심층 연기 개념이 물화되거나 너무 진지하게 받아들여져서는 안 된다. 이 개념들은 단지 사람들이 자신의 감정을 관리하기 위해 사용하는 전략에 대해 생각하는 데 유용한 세 가지 용어일 뿐이다. 분명 이 목록에서 벗어나 있거나 또는 이 목록을 확장할 수 있는 다른 전략들도 존재할 것이다. 만약 웃음(Francis 1994), 목욕, 먹기, 잠자기(Albas and Albas 1988b), 도박(Ricketts and Macaskill 2003)뿐만 아니라 명상과 최면도 감정관리일 수 있다면(Thoits 1990), 어떤 사람의 의도가 (부분적으로) 감정을 조절하기 위한 것인 한, 실제로 많은 인간행동이 심층 연기로 개념화될 수 있다. 게다가 어떤 주어진 행동이 하나 이상의 심층 연기 범주와 부합할 수도 있다는 것을 인식하는 것이 중요하다. 이를테면 어떤 사람은 더 차분해지거나 행복해지거나 더 활력적이라고 느끼기 위해 음악을 듣는다(Wells 1990). 이 전술은 신체적(템포를 통해 신체적 각성 수준을 변화시킨다는 점에서)인 만큼이나 인지적(가사를 통해 마음의 틀을 변화시킨다는 점에서)이기도 하다.

이러한 복합적 성격에도 불구하고, 이 세 가지 범주 — 신체적·표출적·인지적 심층 연기 — 는 우리가 인간 감정의 또 다른 주요한 사회적 차원들을 인식하는 데 도움을 준다. 인간은 자신이 경험하는 감정을 관리하고자 시도할 수 있고 또 자주 그렇게 한다. 서로 다른 정도로 성공하기는 하지만, 사람들은 감정규범에 순응하기 위해, 그리고 자신이 설정하는 다른 목적들을 달성하기 위해 자신의 감정을 조작할 수 있다.

대인관계적 감정관리

지금까지 나의 논의는 주로 개인 수준에서 일어나는 표면 연기와 심층 연기에 초점을 맞추어왔다. 나의 사례들은 홀로 자신의 감정경험과 감정표출을 조절하는 개인들에 중점을 둔 것이었다. 하지만 감정관리가 대인관계적일 수 있다는 점, 즉 그것이 하나의 연합된 상호작용적 프로젝트일 수 있다는 점을 인식하는 것이 중요하다. 둘 또는 그 이상의 사람들이 협력적 또는 적대적 방식으로 감정에 대해 어떤 작업을 할 수도 있다(Lois 2003: 114). 사람들이 경험하고 표출하는 감정은 서로 다른 정도의 합의와 선의에 의해 결집한, 하나의 집단 프로젝트일 수도 있다.

인지적 심층 연기 — 생각과 관점을 변화시킴으로써 감정을 바꾸는 — 는 쉽게 대인관계적 감정관리와 연결될 수 있다. 아마도 틀림없이 인간은 항상 다른 사람들에 대한 어떤 생각들을 고무함으로써 각자의 감정을 틀 짓고자 노력할 것이다. 친구들은 때때로 협력해서 우리의 기운을 북돋기 위한 시도의 일환으로 "그 애 말고도 남자/여자는 얼마든지 있어"(고통스러운 이별 후에) 또는 "더 좋은 일자리가 나타날 게 틀림없어"(취업 기회를 놓친 후에)와 같은 말로 위로한다(Harris 1997). 승무원들은 승객들이 편안하고 안전하고 환대받았다고 느끼게 만들기를 원한다(Hochschild 1983). 이를테면 비행 이전의 안전시범은 "우리가 해양으로 무섭게 돌진하는 경우"가 아닌 "수상착륙과 같은 일어날 것 같지 않은 사건"에서 우리가 해야 하는 것을 설명한다. 그것을 고객에게서 흥분과 가벼운 정도의 공포를 불러일으키기 위해 강의 급류에 불길한 이름('지옥의 반마일', '사탄의 창자')을 붙이는 래프팅 안내자와 비교해보라(Holyfield and Jonas 2003). 아니면 병들고 늙은 동물을 안락사시키는 수의사를 생각해보라. 일단 애완동물 소유자가 반려동물의 삶을 끝내기로 하는 어려운 결정을 하면, 수의사는 소유자가 느낄 죄책감을 완화시키기 위해 노력한다. "당신은 옳은 일을 했어요. …… 많은 사람이 너무 늦게까지 기다리는 실수를 해요. …… 그래서 동물이 고통 받죠. 당신은 스파이크를 사랑하고 스파이크가 고통 받지 않기를 원하는 것이 분명해요"(Morris 2012: 348).

신체적 심층 연기 또한 대인관계적으로 그리고 협력적으로 성취될 수 있다. 내가 UC 샌디에이고에서 대학생활을 할 때, 나는 한 재미있는 전통에 참여했다. 그것은 기말시험 주간 동안 매일 밤 10시에 약 10분간 창문 밖으로 음악을 크게 틀어놓고 목청껏 소리를 지르는 것이었다. '긴장을 풀고' 그럼으로써 스트레스를 줄이는 것이 집합적 목표였다. 유사하게 동료나 친구들은 킥복싱이나 다른 형태의 운동 강습을 받음으로써 부정적 감정을 '발산'하기 위해 서로를 체육관으로 초대하기도 한다. 아니면 진지한 운동선수를 살펴보자. 풋볼과 하키 선수들은 흥분감과 공격심을 끌어올리기 위해 빈번히 게임에 앞서 자신들의 헬멧을 서로 부딪치고 서로의 어깨 패드를 탕탕 친다(Gallmeier 1987; Zurcher 1982). 이 모든 행위는 협력적 형태의 신체적 심층 연기를 예증한다. 왜냐하면 둘 또는 그 이상의 사람이 적어도 한 사람의 신체적 각성 수준을 변화시킴으로써 감정을 함께 조절하고자 시도하고 있기 때문이다.

협력적 감정관리는 또한 표면 연기를 통해서도 발생한다. 부모가 아이에게 감사를 표현하도록 상냥하게 상기시킬 때마다("뭐라고 말해야 하지?"라고 말하는 것에서처럼), 그들은 자신의 아이들이 매너를 익히고 자발적으로 그들의 감정표출을 조정할 것을 고무하는 중이다. (만약 부모가 자신의 아이들이 실제적인 감사의 감정을 불러일으키기를 원한다면, 그것은 심층 연기가 될 수 있다. 그 바람이 실현될 수도 있지만, 그렇게 되기 위해서는 보다 신중한 코치가 요구될 수도 있다.) 표면 연기는 즉흥적으로 일어날 수도 있지만 연습될 수도 있다. 디너파티를 열기에 앞서 부부는 손님들과 '진지한' 주제에 대해서는 토론하지 않기로 결정하기도 한다. 그렇게 함으로써 그들은 쾌활한 태도 — 비록 다른 사람들이 그것을 느끼지 못할지라도 — 를 드러내기로 공모할 수도 있다.

이러한 대인관계적 감정관리의 사례들은 비교적 호의적이다. 다소 불행하게도 둘 또는 그 이상의 사람들이 협력적 방식보다는 적대적 방식으로 감정에 어떤 작업을 하는 경우도 확실히 존재한다. 사람들은 우리의 이해관계보다는 그들 자신의 이해관계에 적합하게 만드는 방식으로 우리의 감정을 관리하고자 시도할 수 있다.

이를테면 때때로 우리의 동료들은 "우리를 칭찬하기"보다는 "우리를 비방하기" 위해 노력할 수 있다. 그들은 우리가 그렇게 하지 않기를 원할 때조차 그렇게 하기도 한다. 대학의 남학생 또는 여학생 사교 클럽의 성원들이 자신들의 사회생활이 얼마나 풍부한지 이야기하는 것을 볼 때면 그들 클럽에 속하지 않은 동료들은 그들의 자부심이나 자신감을 꺾는 하나의 방법으로 "난 내 친구가 되어주는 대가로 돈을 내지 않아"라고 말하고 싶은 유혹이 일기도 한다(Harris 1997: 8). 또는 성공한 운동선수는 자신의 업적에 대해 이야기할 때 친구들이 더 이상 듣지도 웃지도 고개를 끄덕이지도 않는다는 것을 발견하기도 한다. 우리의 동료들은 우리에게 '너무 많은' 자부심이나 즐거움을 고취한다고 느끼는 대화 주제나 활동 ― "나는 그[또는 그녀]에게 만족감을 주고 싶지 않아"라는 표현과 연계될 수 있는 전략 ― 을 피하기도 한다.

대인관계적 감정관리는 우리가 다른 사람이 (그들의 의지에 반하여) 우리가 원하는 감정을 가지도록 조작할 때 적대적이 될 수 있다. 이를테면 추심원은 채무자들이 제기하는 어떤 이의나 반대주장에도 불구하고 사람들이 미지불금에 대해 두려워하고 당황하게 만들기 위해 노력하기도 한다(Hochschild 1983: 144). 유사하게 형사들은 "회유와 협박" 전략을 통해 불안감을 조장함으로써 용의자나 증인으로부터 응낙을 받아내기도 한다(Rafaeli and Sutton 1991). 패스트푸드 레스토랑들은 (자유롭게 내버려두면) 노동자들이 표출할 수도 있는, 수익을 악화시키는 감정을 억압하기 위한 노력의 일환으로 피고용자들을 면밀하게 감독하기도 한다(Leidner 1999). 다음으로 사기꾼들은 "상대를 회유하는" 어떤 말을 함으로써 피해자들이 복수하거나 경찰과 접촉하지 못하게 하기도 한다(Goffman 1952).

이 절을 마치기 전에 마지막으로 한 가지 논점을 고찰해보자. 우리가 홀로 연기하는 것처럼 보일 때조차 감정관리가 (느슨한 의미에서) '대인관계적'일 수 있음을 인식하는 것이 중요하다. 물리적으로 부재함에도 불구하고, 다른 사람들이 우리의 마음속에 존재할 수 있다. 예컨대 마음이 울적할 때 사람들은 다른 사람이 자신에게 했던 격려의 말을 기억해내어 그 코멘트를 자신의 기분을 좋게 만드는 데 이용하기도 한다. 아니면 보다 적대적인 방식으로 우리는 우리가 원치 않음에도 불구하고 어떤 사람이 우리에게 했던 비열한 논평을 반복해서 되씹음으로써 그 비판이 우리의 기분에 나쁜 영향을 주게 만들기도 한다. 이러한 현상에 대한 더 많은 사례로는 여기와 제5장에 실린 '관련 연구 집중 탐구'를 보라.

| 관련 연구 집중 탐구 |
감정관리로서의 기도

셰인 샤프Shane Sharp는 "기도가 어떻게 감정관리에 도움을 주는가?"에 대한 매력적인 연구를 수행했다(Sharp 2010). 샤프는 이 질문에 답하기 위해 종교적·사회경제적·민족적·인종적·지리적 배경이 서로 다른, 친밀한 파트너에 의해 현재 또는 이전에 폭행을 당한 피해자 62명을 인터뷰했다. 참여자의 대다수가 신체적 학대(이를테면 물건이나 손으로 때리거나 발로 차기)와 심리적 학대('쓸모없는' 사람으로 지칭되기, 신체적 상해를 가한다고 위협받기) 모두로 고통 받았다. 일부는 격리당하거나 성적 학대를 받았다. 샤프는 응답자들에게 "당신은 학대받는 동안에 신과 대화를 했는가?", "당신은 그것이 도움이 된다는 것을 정확히 어떻게 알았는가?"와 같은 질문을 했다.

그 저자는 자신의 자료수집에서 불가지론적 입장을 취했다. 그는 기도를 **상상된 상호작용**으로 언급했지만, 그 용어를 제3자에 의해서는 관찰될 수 없는 상호작용을 의미하는 것으로 정의했다. 그는 신이 실제로 듣거나 반응하는지에 대해서는 어떤 입장도 취하지 않았다.

샤프는 기도가 그러한 여성들에게 가치 있는 감정관리 자원으로 기여한다는 것을 발견했다. 약 1/3의 응답자(37%)가 기도가 부정적 감정을 표출하는 또 다른 방식 ─ 학대가 낳은 화를 발산하는 것을 돕는 귀 ─ 을 제공한다고 보고했다. 대략 1/4의 응답자(24%)는 기도가 긍정적인 성찰적 평가를 할 수 있게 해줌으로써 자신의 자존감을 유지하는 데 도움을 주었다고 말했다. 신이 애정이 깊고 자애로운 존재로 간주될 때, 그러한 존재와 상호작용하는 것은 자존감을 북돋아주기도 한다(이를테면 "내가 보기에 너는 특별하단다"). 기도는 또한 공포를 완화시켜줄 수도 있다. 약 1/5의 응답자(21%)는 신과 대화하기가 자신을 더 안전하다 ─ 현세에서 신의 보호하에 있다거나 내세에서 신이 있는 곳으로 초대받았다 ─ 고 느끼게 만들었다고 제시했다. 기도의 명상적 측면 또한 학대받은 여성들이 자신의 감정을 관리하는 데 도움을 주었다. 응답자의 16%가 기도가 자신들로 하여금 경멸적이고 위협적인 언어와 같은 부정적 자극에 주의를 기울이지 '않게' 또는 덜 기울이게 하는 데 도움을 주었다고 말했다. 마지막으로, 응답자의 13%가 기도가 용서하는 마음을 품게 함으로써 감정관리에 도움을 주었다고 말했다. 신이 자비롭고 애정이 깊은 수호신으로 인식될 경우, 신과의 상상된 상호작용이 유사한 심적 경향을 고무하기도 한다.

종교인과 비종교인 모두 샤프의 주장이 설득력이 있음을 발견하기도 했다. 인간은 어떤 특정한 신이 '실제로' 자신에게 귀를 기울이거나 말을 하는 것과는 무관하게 기도를 이용하여 자신의 감정을 관리할 수 있다.

만약 당신이 이 연구결과를 받아들인다면, 당신은 그것으로부터 두 가지 점을 추론해볼 수 있을 것이다. 첫째, 사람들은 또한 신이 아닌 다른 사람들을 상상함으로써 자신들의 감정을 관리할 수도 있을 것이다. 이를테면 우리가 울적함을 느낄 때 우리는 친구나 가족 성원이 우리와 함께 있다면 했을 것 같은 격려의 말을 상상할 수 있다. 둘째, 우리는 '다른 사람'이 그렇게 자비로울 필요가 있는지를 물을 수도 있다. 어떤 경우에 사람들은 코치, 부모, 또는 복수심에 불타는 신이 했던 가혹한 코멘트를 상상함으로써 무기력함을 극복하고자 노력하기도 한다.

그렇다면 비록 종교인은 아닐지라도 당신은 상상된 상호작용을 이용하여 당신의 감정을 관리했던 적이 있는가?

감정관리는 부정직한 것인가?

내가 표면 연기와 심층 연기 개념을 가르칠 때, 나의 학생들은 때때로 내게 자신의 감정을 관리하는 사람은 '거짓말쟁이'인가라고 묻는다.

표면 연기를 통해 어떤 감정을 가지는 체하는 것은 부정직한 것 아닌가? 심층 연기를 통해 특정 감정을 떠올리게 하는 것은 얼마간 사기 아닌가?

표면 연기와 심층 연기가 근본적으로 부정직한 상황인 경우도 존재한다. 사기꾼이 어떤 사람에게 가치 없는 제품이나 가짜 투자 상품을 팔 때 절대적으로 확실한 것으로 묘사하는 것처럼, 어떤 학생은 과제 제출기한을 연장받기 위해 (존재하지도 않았던) 컴퓨터 다운과 관련한 가짜 절망을 가지고 선생을 성공적으로 속이기도 했다. 어느 경우든 간에 표면 연기나 심층 연기가 이용될 수 있다. 그 사기꾼과 그 학생은 단지 대담함이나 비통함의 가면을 쓸 수도 있고, 인지적 심층 연기를 통해 자기 자신에게 그러한 감정을 (일시적으로) 말할 수도 있다. 표면 연기를 통해서 하는 거짓말은 단순하다. 청중을 속여 거짓을 믿게 한다. 심층 연기를 통해서 하는 거짓말은 복잡하다. 자신을 속여 자신으로 하여금 거짓인 어떤 것을 믿게 하고, 그럼으로써 자신이 청중에게 거짓을 성공적으로 묘사할 수 있게 한다.

다른 한편 표면 연기와 심층 연기가 상대적으로 정직해 보이는 경우들도 많이 있다. 이를테면 학생의 컴퓨터가 가장 최악의 순간에 속 터지게 실제로 자폭했다고 생각해보자. 그러한 상황에서 어떤 학생이 교수 연구실 밖에서 한숨 돌리고 인지적 심층 연기를 통해 (어쩌면 "나는 이 강의에서 좋은 등급이 필요해! 그런데 아주 엿 같게 내 컴퓨터가 죽어버렸어. 그건 내 잘못이 아냐!"라고 생각함으로써) 불가피한 비통함을 불러일으키는 것은 이해할 만하다. 아니면 그 학생은 외면적 표현에만 초점을 맞추어서 표면 연기에 집착할 수도 있다. 어느 쪽이든 부정직의 정도는 최소한이 될 수 있다. 그 학생의 목표는 선생이 그 곤경이 **실제로**

얼마나 소름끼치고 피할 수 없는 것인지를 이해하게 만드는 것일 수 있다. 만약 그 학생의 비통함이 단지 기숙사 방이라는 사생활 속에서만 표출된다면, 그리고 면담 시간에는 표현되지 않는다면, 교수는 여전히 그 상황의 '실제 진실'을 알 수 없을 것이다. 따라서 어떤 학생은 교수에게 어떤 일이 거짓이 아니라 사실이라는 것을 납득시키기 위해 전략적으로 비통함을 반복해서 경험하고 재연하기로 마음먹을 수도 있다. 이것은 미루는 버릇이나 과도한 알코올 소비를 감추기 위해 단지 구실을 날조하는 뻔뻔스러운 부정직한 학생과는 크게 다르다.

게다가 몹시 부정직한 감정관리조차 **반드시** 부도덕한 것은 아니다. 생일선물에 대해 들뜬 체하는 사람은 어쩌면 어떤 사람을 '속이려고' 노력하는 중이 아닐 수도 있다. 그와는 정반대일 수도 있다. 감사를 가장하거나 과장하는 손자는 대체로 사랑하는 조부모의 감정을 지키기 위해 진력을 다하는 것일 수도 있다. 아마도 그러한 친절한 태도는 비록 속이는 행위임에도 불구하고 틀림없이 대단히 도덕적일 것이다.

우리가 우리 자신의 믿음과 감정에 대해 느낄 수 있는 불확실성과 양가감정에 초점을 맞출 때는 더욱 복잡하다. 때때로 우리는 우리가 무언가에 대해 생각하거나 느끼는 바를 정확하게 알지 못한다. 우리가 상황을 평가할 때, 우리가 채택할 수 있는 관점은 많고 그 관점들은 각기 다른 감정적 반응을 산출한다. 어떤 사람은 달갑지 않은 선물에 대한 두 가지 해석 — "중요한 것은 마음이지!" 대 "얼마나 끔찍한 선물인가!" — 사이에서 하나의 진리를 정하지 못하고 포기하기도 한다. 따라서 정직한 감정관리와 부정직한 감정관리를 구분하고자 하는 우리의 노력은 때때로 의심스러운 가정, 즉 우리는 우리가 실제로 느끼는 방식을 분명하게 알고 있다는 가정을 수반하기도 한다(Weigert 1991).

다른 한편 표면 연기와 심층 연기의 치밀함 때문에 우리가 우리의 감정적 반응에서 드러내는 부정직의 수준을 분명 과소평가할 수도 있다. 그렇다. 우리의 일부 상호작용은 많은 표면 연기와 심층 연기를 통해 분명히 그리고 노골적으로 관리된다. 그리고 다른 경우에는 우리의 감정은 외견상 아무런 조절 없이 자발적으로 흘러나오는 것처럼 보인다 (Hallet 2003). 하지만 관리된 상호작용과 자발적 상호작용의 차이는 극적인 점멸 스위치가 아니라 정도의 문제이다. 그 스펙트럼의 자발적 끝쪽에서 우리는 감정에 대해 깊이 생각하지 않고 습관적으로 가식적인 미소를 짓거나 능숙하게 감격스러워할 때처럼 매우 미묘하고 신속하게 비非자의식적으로 감정관리를 하기도 한다. 사람들은 체계적인 자기관찰을 하지 않는 한(Rodriguez and Ryave 2002), 자신이 감정을 조절하고 잠재적으로 '위조'하는 정도를 완전히 인식하지 못하기도 한다.

주

1   다른 사람들이 그랬던 것처럼(Kemper 2000: 51), 나는 '감정관리'와 '감정작업'을 표면 연기와 심층 연기 모두를 포함하는 더 높은 수준의 범주로 취급한다. 혹실드(Hochschild 1979: 551, n2)는 원래 이들 용어를 심층 연기의 유의어로 사용했다. 모든 개념이 그러하듯, 동일한 용어들이 저자와 맥락에 따라 다른 의미로 사용될 수 있음에 유의할 필요가 있다(Harris 2014, ch. 3).
2   구글 이미지에서 "Texas Roadhouse shirt"라는 단어를 검색해보라. 아니면 http://www.texasroadhouse.com/에 들어가보라.
3   여기서 우리는 '컴퍼트 푸드(comfort food)'와 '무드 푸드(mood food)'라는 대중적 용어와 심층 연기 간에 흥미로운 관계를 설정할 수 있다. 두 표현은 먹기가 심층 연기의 한 형태일 수 있음을 함의한다.
4   물론 내가 사람들이 자신의 이익을 위해서만 심층 연기를 한다고 말하려는 것은 아니다. 심층 연기는 빈번히 사회적 규범을 준수하고 우리의 심층 연기의 결과를 목격하는 사람들의 생각, 감정, 행위를 틀 짓기 위해 수행된다.

1. 당신이 수행한 적이 있는 표면 연기의 사례와 심층 연기의 사례를 최소한 하나씩 기술하라. 그리고 다음 사항을 구체적이고 상세하게 밝혀라. 당신이 사용한 구체적인 표면 연기와 심층 연기의 기법은 무엇이었는가? 당신은 어떤 감정상태를 가장하거나 조장하거나 억누르고자 했는가? 당신은 또한 왜 당신이 그러한 행동을 했는지를 설명할 수도 있다. 당신은 감정규범에 순응하고 있었는가, 그리고/또는 어떤 다른 목적을 달성하기 위해 시도하고 있었는가?

2. 당신이 당신의 동급생, 친구, 또는 친척들 사이에서 관찰한 대인관계적 감정관리의 사례를 최소한 하나를 기술하라. 누구의 감정이 왜, 그리고 어떻게 공동으로 영향을 받았는지를 설명하라. 그 감정관리는 상대적으로 협력적이었는가, 아니면 적대적이었는가? 그 감정관리는 정직했는가, 아니면 부정직했는가?

››› 더 읽을거리

혹실드는 『관리되는 마음』에서 표면 연기와 심층 연기의 몇몇 매력적인 사례를 제시한다. 그녀는 또한 감정관리가 제도화될 수 있는 방식, 즉 교회, 병원, 학교, 교도소, 회사에 의해 조정되는 방식을 논의한다.

Hochschild, A. R. 1983. "Managing Feeling." Chapter 3 in *The Managed Heart*. Berkeley, CA: University of California Press.

연구자들은 감정관리가 학교, 스포츠, 지원단체, 친밀한 관계, 그리고 낯선 사람과의 무상한 상호작용과 같은 광범위한 모든 상황에서 본질적이라는 점을 보여주었다. 몇몇 학자는 감정관리가 어떻게 정치, 불평등, 사회운동 속으로 들어오는지를 검토해왔다. 독자들은 자신의 관심사에 따라 내가 이 장에서 인용한 논문들, 아래의 추천 읽을거리, 그리고 웹사이트 Google Scholar를 이용하여 수많은 읽을거리들을 더 찾아볼 수 있을 것이다.

Cahill, S. E. and R. Eggleston. 1994. "Managing Emotions in Public: The Case of Wheelchair Users." *Social Psychology Quarterly* 57: 300~312.

Froyum, Carissa M. 2010. "The Reproduction of Inequalities through Emotional Capital: The Case of Socializing Low-Income Black Girls." *Qualitative Sociology* 33: 37~54.

Lois, J. 2001. "Managing Emotions, Intimacy, and Relationships in a Volunteer Search and Rescue Group." *Journal of Contemporary Ethnography* 30: 131~179.

Norgaard, K. M. 2006. "'People Want to Protect Themselves a Little Bit': Emotions, Denial, and Social Movement Nonparticipation." *Sociological Inquiry* 76: 372~396.

Wolkomir, M. 2001. "Emotion Work, Commitment, and the Authentication of the Self: The Case of Gay and Ex-Gay Christian Support Groups." *Journal of Contemporary Ethnography* 30: 305~334.

대니얼 리그니는 표면 연기와 심층 연기라는 개념을 떠받치는 "연극으로서의 삶"이라는 은유를 전반적으로 개관한다. 연극학적 관점에서 볼 때(Goffman 1959), 일상생활은 연기자, 관객, 의상, 소품, 리허설, 각본, 전면 무대, 후면 무대로 구성된다.

Rigney, D. 2001. "Society as Theater." Chapter 8 in *The Metaphorical Society: An Invitation to Social Theory*. Lanham, MD: Rowman & Littlefield.

04

감정 교환하기

만약 당신이 나와 같다면, 어떤 아침은 당신이 원했던 것보다 더 빨리 찾아올 것이다. 알람이 울리고, 당신은 '스누즈 버튼'을 누르고 싶은 유혹을 받는다. 당신은 알람을 완전히 *끄고* 다시 잘 수 있다면 얼마나 좋을까 하는 생각을 한다.

무엇이 우리가 그렇게 하지 못하게 하는가? 이에 답변하는 하나의 방식은 우리의 행동을 비용-이익 계산의 결과로 간주하는 것이다. 급하게 하든 아니면 선택적으로 하든 간에, 우리는 대안적 행위경로로부터 초래될 수 있는 좋은 결과와 나쁜 결과를 얼마간 검토한다. 우리는 늦잠 자는 것이 얼마나 기분을 좋게 해줄지와 얼마나 많은 문제를 일으킬 수 있는지를 가늠해본다.

여기서 '문제'라는 용어는 서로 다른 많은 종류의 '비용'을 포괄한다. 이를테면 졸린 학생들은 알람을 무시하는 것이 자신들의 강의 자료의 이해, 자신들의 과목 평점, 선생과 반 친구들이 자신들에 대해 내리는 평판, 또는 심지어 대학 졸업 후 자신들의 성공에 부정적 영향을 미칠 수 있다는 점을 걱정하기도 한다. 다른 한편 '이익' 또한 다양할 수 있다. 얼마간의 추가 수면은 기분을 좋게 해줄 뿐만 아니라 학생들을 더 행복하게 하고 건강하게 하고 남은 하루 동안을 보다 생산적이게 만들어줄 수도 있다. 어떻게 할 것인가?

이러한 종류의 결정을 하는 사람이 종이 한 장을 꺼내 '이해득실'의 리스트를 작성하고 어떤 리스트가 더 긴지 또는 더 설득력이 있는지를 평가할 것 같지는 않다. 사실 비용과 이익은 의사결정 과정 내내 단지 지나가는 이미지나 덜 만들어진 문장으로 출현하거나 또는 심지어는 '무대 뒤에' 당연한 것으로 간주되는 가정으로 남아 있을 것이다. 그럼에도 불구하고 그 학생은 (아마도 틀림없이) 합리적 쾌락주의자처럼 행동할 것이다. 하지만 그 또는 그녀는 만족스럽거나 이익이 될 것으로 보이는 행위노선을 따르기 위해 불완전하게나마 비용과 이익을 견주고 있다.

교환이론

인간이 합리적 쾌락주의자라는 관념은 교환이론으로부터 나온 것이다(Rigney 2001, ch. 6). 이 관점에 따르면, 실제로 모든 사회적 행동은 경제적 개념들의 프리즘을 통해 분석될 수 있다. 인간은 공식 경제에서 일어나는 것과 섬뜩할 정도로 유사해 보이는 방식으로 항상 재화와 서비스를 거래한다. 저속하게 또는 혐오스럽게 들릴 수도 있지만, 사람들은 자주 자신들의 친구나 연애 파트너를 선택할 때 마치 음식이나 새 컴퓨터를 사는 것처럼 '좋은 거래'를 위해 '가게를 돌아다니는' 것처럼 보인다(Homans 1958; Hatfield 2009; Wailer 1937). 우리는 점심에 무엇을 먹을지를 결정할 때, 레스토랑의 음식 가격, 그곳이 제공하는 음식의 질, 음식을 주문하고 그것이 나오는 데 걸리는 시간 등을 고려한다. 유사하게 우리는 함께 시간을 보낼 친구를 선택할 때, 누군가를 '구매'하여 함께 시간을 보내기에 앞서 우리의 친구들이 지닌 다양한 특성(이를테면 유머 감각, 듣기 실력)과 그들의 위치(이를테면 잠깐 걸어서 갈 수 있는 곳 또는 도심을 가로질러 장시간 운전해서 가야 하는 곳)에 대해 생각하기도 한다. 만약 우리가 형편없는 식사를 하거나 지루한 시간을 보낸다면, 우리는 우리가 선택하는 것의 **기회비용**을 따져보기도 한다. "다른 레스토랑에서 돈을 쓰거나 다른 친구와 시간을 보내야 했어!"

한계효용의 감소는 비즈니스 영역으로부터 보다 일반적인 사회적 삶으로 수입될 수 있는 또 다른 개념이다(Rigney 2001: 108). 경제적 환경에서 한계효용의 감소는 어떤 제품의 그다음 구매가 처음의 구매보다 덜 가치를 지니거나 덜 유용하게 되는 경향을 일컫는다. 자신의 아파트에 놓을 첫 번째 텔레비전을 구입하는 사람들을 상상해보라. 그 텔레비전은 (많은 사람들에게) 주요한 생활의 향상이자 큰 만족의 원천일 가능성이 크다. 침실용 두 번째 텔레비전은 효용은 있지만 그 효과는 덜할 것이다. 세 번째와 네 번째 텔레비전 ─ 주방과 욕실에 놓을 ─ 은 훨씬 더 적은 양의 효용을 제공하거나 단지 거치적거리기만 할 수도 있다.

우정, 칭찬, 성교와 같은 비상업적 재화와 서비스에 대해서도 똑같이 말할 수 있다. 우리는 친구가 많을수록 새 친구를 덜 찾아나서는 경향이 있다. 첫 번째 (또는 두 번째, 세 번째) 우정은 추가된 17번째 친구보다 더 높이 평가되기도 한다. 그리고 몇몇 칭찬(이를테면 외모 또는 직업적 성공과 관련한)은 높은 보상이 될 수 있지만, 빈번히 칭찬받는 사람은 그러한 코멘트를 (비록 이익보다 성가신 비용으로는 아니지만) 실제로 의미 없는 것으로 경험하기도 한다. 브래드 피트 같은 유명인사를 상상해보라. 겸양과 감사를 반복적으로 표현하는 일이 그가 또 다른 칭찬으로부터 얼마 안 되는 자존감을 더 획득하는 것보다 더 가치 있을 수도 있다. 성교의 가치 — 혼전이든 결혼상황에서든 — 조차 어떤 사람이 더 많은 경험과 기회를 축적할 때 감소할 수 있다(Blau 1964; Liu 2003).

교환이론은 나의 학생들 중 일부를 당혹스럽게 하기도 한다. 거기에는 그럴 만한 이유가 있다. 그들은 모든 사람이 정말로 항상 합리적 쾌락주의자인가라는 의구심을 가진다. 인간이 어떤 경우에는 이타적으로 행동할 수 있지 않은가? 이를테면 부모들은 보통 엄청난 양의 시간, 노력, 돈을 자신의 아이에게 바친다. 활동가들은 성인기의 삶의 많은 부분을 어떤 대의에 헌신한다. 두 집단은 실제로 상대적으로 사심이 없어 보인다. 따라서 한 교환이론가는 부모는 사랑, 가치 있는 정체성('어머니' 또는 '아버지'), 아이들의 활동(이를테면 스포츠, 학교, 교회 활동)을 통한 친구 및 친척과의 관계 형성, 노년기의 지원을 획득한다고 주장하기도 했다(Nomaguchi and Milkie 2003을 보라). 활동가들 역시 자신의 노력이 가져다주는 영향력, 평판, 또는 유산으로부터 많은 만족감을 얻기도 한다. 다소 무정한 관점에서 볼 때, 사람들은 투자가 이익이 되거나 좋은 거래라고 인식될 때에만 외견상 비용이 많이 드는 활동에 자발적으로 참여한다(Wilson 2000: 222).

다른 한편 그러한 엄격한 지향을 채택하고 그것을 우리 자신에게 그리고 우리를 둘러싸고 있는 사람들에게 강요할 이유는 전혀 없다. 사람들은 다양하고 복잡하다. 모든 사람이 항상 자기중심적 관점을 취하는 것은 아니다. 사람들은 다양하고 광범위한 관점을 이용하여 자신의 행동을 인도할 수 있다(Blumer 1969: 53). 이를테면 사람들은 반드시 "그것이 내게 무슨 이익이 되지?"라고 묻지 않고, 의무, 충성, 사랑, 신념, 습관 등등으로 인해 행위를 수행하기도 한다. 또한 이기심에 의거하여 행동하기도 한다. 그러나 이기심은 하나의 연속선으로 인식되기도 한다. 그리고 단 하루 동안에도 동일한 사람이 상대적으로 이타적인 행동은 물론 상대적으로 자기중심적인 행동을 하기도 한다(Haski-Leventhal 2009: 290).

캔다스 클라크Candace Clark는 이타주의의 문제를 다루고자 하는 노력의 일환으로 인간행동을 틀 지을 수 있는 세 가지 '교환 논리'를 식별한다(Clark 1997, 2004). 상보적 역할 요구(또는 '상보성')의 원리, 자선의 원리, 호혜성의 원리가 그것이다.[1] 상보성의 원리는 "사람들은 자신들의 사회적 역할이 그들에게 그렇게 할 것을 요구하기 때문에 다른 사람들에게 베풀어야만 한다"고 주장한다(Clark 1997: 134). 이 논리에 따르면, 부모들은 반드시 비용 - 이익 계산 때문이 아니라 그들이 그렇게 하기로 되어 있다고 믿기 때문에 시간, 노력, 돈을 자신의 아이들에게 제공한다. 아이들 역시 자신의 역할의 일부로서 자신이 마땅히 부모에게 순종, 충성, 사랑, 지원의 감정을 가져야 한다고 느끼게 될 것이다. 즉, 그들은 그것을 단순히 사회적 책무의 문제라고 생각한다. 따라서 어떤 행동은 단지 그것이 한 가족 성원이 행하는 것이기 때문에 당연하고 적절한 것으로 보이기도 한다. 그다음으로 자선의 원리는 "어려움에 처한 다른 사람들에게 그들의 상태, 능력, 또는 화답 의사와 무관하게 베풀

것을 요구한다"(Clark 1997: 134). 이때 사람들은 어떠한 방식으로 '상환' 받을 것인지에 대해 고민하지 않고 가난한 사람들에게 시간이나 돈을 기부하거나 자연재해의 피해자들을 지원하기도 한다. 마지막으로, 호혜성의 원리는 "준 사람은 보답을 받을, 어쩌면 심지어 '이익'을 얻을 자격을 갖는다고 주장한다"(Clark 1997: 134). 이 원리는 비즈니스 세계를 비상업적 관계들과 연관시킨다. 사람들은 식품점에서 돈과 빵 한 덩어리를 교환하듯이, 자신이 다른 사람들에게 제공한 혜택이나 이익에 대해 '돌려받기'를 기대하기도 한다.

상술한 이 세 가지 원리는 사람들이 항상 순수한 교환이론가들처럼 생각하지 않을 수도 있다는 것을 깨닫는 데 (또는 적어도 그렇다고 생각하는 데) 도움을 줄 수 있다. 사람들은 호혜성에 대한 이기적 관심보다는 상보성(즉, 역할 책무)이나 자선(즉, 이타심) 때문에 행동하기도 한다. 게다가 사람들은 자신이 맺고 있는 관계들을 조정함으로써 하나의 논리에서 다른 논리로 전환하거나 복수의 논리를 혼합할 수도 있다. 클라크(Clark 1997: 139)는 대부분의 미국인들은 빈번히 두 가지가 혼합된 유형의 교환 논리를 이용한다고 주장한다. 가족 성원들과의 호혜적 상보성과 비친족과의 호혜적 자선이 그것이다. 각 경우에 사람들은 의무나 신념 때문에 행동하지만, 단지 어느 정도까지만 그러하다. 이를테면 우리는 우리가 친척에 대한 '무조건적 사랑'이라고 생각하는 것을 제공하기도 하지만, 만약 그들이 너무나도 자주 우리를 못되게 대우한다면 우리는 관계를 단절하거나 적어도 우리가 그들에게 제공한 이익(이를테면 감정적 지원, 물질적 도움)을 줄일 것이다. 우리는 우리의 사랑에도 실제로 끈 또는 조건이 달려 있다는 것을 발견한다. 우리는 우리의 친척이 자신의 역할을 적절히 수행하는 한에서만 우리의 역할을 수행할 것이다(Clark 1997: 139). 유사하게 호혜적 자선은 "어려움에 처한 사람들을 돕는" 논리에 의거하여 작동하지만, 답례로 무언가 — 이를테면 감사, 존경, 또는 현물의 선물 — 를 기대한다. 당신은 '당연히!' 집이 소실된 이웃을 도와 감정적 지원을 하고 일시적으로 잠잘 장소를 제공할 것이다. 그러나 당신의 이웃이 당신의 도움에 전혀 감사를 표현하지 않거나 당신이 2년 후에 당신의 일자리를 잃었을 때 감정적·물질적 지원을 제공하지 않는다고 상상해보라. 그다음에 큰 또는 사소한 비극이 당신의 이웃에게 닥칠 때, 당신은 호혜성의 결여 때문에 자선을 베풀고 싶은 마음을 느끼지 못할 수도 있다. 또는 무료 급식시설에서 상냥하게 봉사하는 자원봉사자를 살펴보자. 그러한 관대한 개인들도 피보호자들이 음식의 질, 맛, 또는 적시성에 대해 무례하게 불평할 때면 속았다는 기분이 들기도 한다(Stein 1989). 자원봉사자들이 자신이 봉사하는 사람들로부터 감사와 존경을 기대할 때, 그것은 그들이 자선에 더하여 호혜성에 관심이 있다는 것을 시사한다.

교환이론과 감정 간의 네 가지 관련성

교환이론은 우리에게 우리 자신뿐만 아니라 우리 가족, 친구, 동료, 지인들의 '애정이 깃든' 행동조차도 부지불식간에 비용-이익 분석에 의해 인도되고 있지 않은지를 살펴보도록 부추긴다. 하지만 이 관점을 평가하고 적용하기 위해 교환이론의 모든 교의를 채택하거나 그것을 보편적으로 적용 가능한 것으로 취급할 필요는 없다. 어떤 사람 그리고 어떤 상황은 다른 사람들 및 다른 상황들보다 비용-이익 계산에 더 잘 부합하기도 한다. 교환이론의 관점이 어떤 장점을 가진다는 것과 사람들이 적어도 몇몇 경우에서 호혜성의 원리를 채택한다는 것을 받아들일 경우, 우리는 교환이론이 감정의 연구에 대해 갖는 일반적 함의를 탐구할 수 있다. 상호작용의 공정함 또는 정의에 대한 사람들의 인식에 감정이 어떻게 관여하는가? 여기에는 수많은 관련성이 설정될 수 있다 (Hegtvedt and Parris 2014; Lawler and Thye 1999; Walster et al. 1978). 나는 아래에서 네 가지 기본적 논점에 초점을 맞출 것이다.

사회적 교환이 감정적 결과를 산출한다

먼저 감정과 교환이론의 밀접한 관계는 사람들이 자신들의 교환에 대해 드러내는 반응을 통해 알 수 있다. 공정함과 불공정함에 대한 지각은 특정한 감정을 불러일으키는 경향이 있다(Haftield et al. 2008).

이를테면 사람들은 자신이 적게 보상받았다고 느낄 때 자주 부정적으로 반응한다. "노트 빌려줘서 고마워"라는 말을 하지 않는 반 친구는 처음에는 가벼운 불쾌감을 불러일으키지만, 두 번째에는 우리를 짜증나게 한다. 만약 반 친구가 "너의 필체는 끔찍하고 너의 노트는 정말 엉망진창이야!"라고 말했다면, 우리는 이용당했다는 생각에 화가 났을 것이다. 결국 우리는 서비스(프리 노트의 이익)를 제공하고 보답으로 비판(비용)을 받았다.

다른 한편 보다 호혜적인 교환을 상상해보자. "훌륭한 노트 빌려준 거 고마워! 나도 언젠가 신세 갚을 수 있겠지?" 이 상호작용은 강화된 유대 덕분에 만족감, 또는 심지어 행복감을 산출할 것이다. 이 서비스는 칭찬('훌륭한 노트')으로, 그리고 차후에 노트를 제공하겠다는 제안으로 보답받았다.

세 번째는 과도한 보상을 받는 경우이다. 항상 어떤 친구로부터 노트를 빌려야 하지만 전혀 보답할 수 있는 위치에 있지 못할 때처럼, 때때로 우리는 주는 것보다 더 많이 받는다고 느끼기도 한다. 그러한 상황에서 우리는 죄책감을 느껴 반 친구에게 빚을 갚을 방법을 찾기도 한다("내가 점심 사면 안 될까?"). 물론 어떤 사람은 다른 사람을 이용하고 비하하는 데서 비열한 스릴을 느끼기도 한다. 그리고 그러한 스릴은 그들로 하여금 제재(비용)를 받거나 관계가 끝날 때까지 그러한 행동을 계속하게 하기도 한다.

요컨대 감정과 교환이론 간의 하나의 관련성은 거래 결과로 생기는 감정 속에서 찾을 수 있다. 공정 교환과 불공정 교환은 특정한 종류의 감정적 반응으로 귀착되는 경향이 있다. 감정은 때때로 사회적 상호작용에서 비용과 이익의 배분과 관련한 비교적 합리적인 계산의 **결과** 또는 그것의 귀결이다.

감정은 비용-이익 분석에 하나의 요인으로 포함된다

감정이 교환 계산의 단지 '아웃풋output'인 것만은 아니다. 감정은 통상적으로 '인풋input'으로 비용-이익 계산에 포함된다. 이를테면 데커던스한 디저트를 살까 말까 고민할 때, 우리는 그것의 가격, 그 제품을 손에 넣는 데 걸리는 시간, 그것이 우리의 건강에 미치는 부정적 영향을 고려하기도 한다. 그러나 이러한 요인에 더하여 우리는 또한 감정 — 이를테면 그 디저트가 우리에게 가져다줄 수 있는 기분 좋은 만족감이나 체중 감량 목표 때문에 우리가 느낄 것으로 예견되는 실망감 — 을 고려하기도 한다.

유사하게 서로 다른 직업경로를 비교하는 학생들은 확실히 가능한 봉급과 그 직업에 요구되는 학교교육 연한을 포함하여 '객관적' 기준을 검토한다. 하지만 그들은 또한 서로 다른 직업이 산출할 감정을 상상하려고 노력하기도 한다. 나는 나의 직업을 자랑스러워할 것인가 ─ 그리고 나의 친구와 친척들도 그러할 것인가? 고객과 동료들은 나를 존경으로 대할 것인가, 무례하게 대할 것인가, 아니면 내게 무관심할 것인가? 어느 직업이 더 불안하고 더 스트레스를 받을 것인가?

강의 노트를 교환한 학생들의 예를 다시 고려해보기로 하자. 만약 반 친구가 "와우, 네 노트 정말 훌륭해"라고 말한다면, 잠시 느낀 자부심이 교환의 공정함과 관련한 전반적 계산에 포함될 것이다. 누군가는 칭찬과 감사의 표현이 유발한 긍정적 감정 때문에 그러한 표현의 대가로 잇달아 몇 번이든 노트를 기꺼이 빌려줄 수도 있다. 다른 한편 "네 노트 진짜 엉망이야!" 같은 코멘트는 당혹감을 유발할 것이다. 이 불편한 감정은 '비용'으로 간주되어, 그 교환을 불공정한 것 또는 앞으로 바람직하지 않은 것으로 생각하게 할 수 있다.

요컨대 교환이론과 감정의 두 번째 관련성은 이렇다. 우리는 거래의 공정함을 계산할 때, 우리의 감정을 고려에 넣는다. 아니면 혹실드(Hochschild 1983: 78)가 지적하듯이, "우리는 감사, 사랑, 화, 죄책감 및 여타 감정을 마음의 장부의 '부채' 항목과 '수익' 항목에 기입한다". 감정은 우리가 합산하는 비용과 이익의 한 항목이다. 너무나도 많은 비용은 다른 (보다 구체적인 또는 '객관적인') 이익이 존재함에도 불구하고 우리로 하여금 어떤 관계를 끝내고 다른 행위경로를 추구하게 하기도 한다.

사람들은 다른 사람들과의 교환 과정에서 감정을 '만들어내기'도 한다

감정을 비용-이익 계산의 인풋과 아웃풋으로 취급하는 것은 우리로 하여금 감정의 역동적 성격을 간과하게 할 수 있다. 감정은 우리가 축적하거나 분배할 수 있는 (텔레비전이나 달러 지폐와 같은) 정적 실체가 아니다. 감정은 단지 우리에게 발생하는 경험이 아니다. 오히려 인간은 다른 사람들과 교환에 들어갈 때 (표면 연기와 심층 연기를 통해) 적극적으로 자신들의 감정을 조절한다(Hochschild 1983: 82~83).

이를테면 노트를 빌릴 때, 학생들은 노트 주인에게 '보상을 하기' 위해 감정을 꾸며내거나 과장하기도 한다. 사람들은 그 노트가 크게 도움이 되지 않았음에도 불구하고, 자신의 말씨, 목소리 톤, 얼굴표정을 의도적으로 조절하면서 "정말 고마워!"라고 큰 소리로 감격스럽게 말하기도 한다. 경의 또한 가장되거나 부풀려질 수 있다. 어떤 학생은 무료로 지원해준 것에 대한 대가로 칭찬(자부심이라는 선물)을 해주기 위해 평범한 노트를 '훌륭한' 것으로 또는 "내 노트보다 훨씬 나아!"라고 묘사하기도 한다.

또한 심층 연기가 행해지기도 한다. 어떤 학생은 조악한 강의노트를 빌려 복사한 후에 좌절감을 느끼기도 한다. "이건 전혀 도움이 되지 않아. 이 자료로 에세이 문제의 답을 쓸 수 있을지 의심스러워!" 기회비용에 초점을 맞출 경우 좌절이 심지어 화로 전환되기도 한다. "조에게 노트를 빌리느라 시간을 낭비하지 말았어야 했어. 대신 마리아에게 부탁해야 했어!" 이 부정적 감정을 회피하기 위해 그 학생은 인지적 심층 연기를 이용하여 싸증을 억누르고 감사의 마음을 불러일으킬 수도 있다. "음, 적어도 이건 수업시간에 다룬 내용을 대략적으로 파악하기에는 좋

아. 근데 그것과 관련한 에세이 문제가 나올 가능성은 별로 없어 보여. 조의 노트가 내가 바란 만큼 도움이 되지는 않았지만, 조가 자신의 노트를 그렇게 빨리 빌려준 것은 마음에 들어."

감정 교환은 감정규범과 여타 문화적 신념을 배경으로 하여 발생한다

표면 연기가 이용되는지 아니면 심층 연기가 이용되는지와는 무관하게 우리의 교환이 문화적 기대의 맥락 내에서 발생한다는 것에 주목하라. 누군가가 프리 노트라는 선물을 제공할 때, 일반적으로 받는 사람에게 감사의 표현을 기대한다. 아무 말도 하지 않는 것은 감정규범을 위반하는 것일 수 있고, 그것은 반 친구들로부터 제재를 받을 수도 있다. 하지만 동시에 그 교환에 참여하는 두 사람은 자신들이 공정거래를 하고 있는지를 계속해서 파악한다. 그리고 그들의 평가가 그들의 감정과 행위 ─ 앞으로 서로 유사한 상호작용을 계속할 것인지를 포함하여 ─ 를 틀 짓는다.

혹실드(Hochschild 1983: 76)에 따르면, 감정규범은 일종의 사회적 교환의 '기준선'을 설정한다. 호의를 제공받은 것에 대해 특정한 수준의 감사가 기대되기도 한다. (강도나 지속기간에서) 그 수준을 넘어서는 감사표현 ─ 이를테면 가볍게 "고마워"라고 말하는 대신에 "정말, 정말 고마워!!!"라고 말할 때처럼 ─ 은 자주 '선물'처럼 느껴질 수도 있다. 규범을 넘어서는 감사의 양은 특히 보답을 받는 것 ─ 주는 사람의 비용 - 이익 계산에 하나의 '이익'으로 포함될 수도 있는 ─ 으로 느껴질 수도 있다. 다른 한편 감사 또는 경의의 과도한 표현은 생색을 내거나 지분거리는 것으로 받아들여질 수도 있다. 노트 주인의 필기 질에 대해 2분간 칭찬을 늘어놓으면 이는 조롱이라고 할 정도로 과도한 것으로 받아들여져서 '이익'보다 '비용'이 되는 당혹감이나 짜증의 감정을 산출할 수도 있다. 감사의 강도와 지속기간에 대한 규범은 대인 간의 교환에서 그 교환의 가치를 지각하는 데 영향을 미칠 수 있다.²

유사하게 사람들이 다른 사람들과 교환하는 동안에 서로 다른 문화적 믿음이 그들의 계산에 영향을 미칠 수 있다. 이를테면 어린아이는 성인보다 자신의 행위와 감정에 덜 책임을 져도 되는 것으로 가정된다. 따라서 아이들은 자주 그들의 상호작용에서 더 많은 자유를 누린다. 어린아이는 반드시 단기적 또는 장기적으로 보답할 것을 요구받지 않으면서도 다른 사람들로부터 감정 — 동정심, 사랑, 친절함의 표출, 인내심 — 을 끌어낼 수 있다(Clark 1997: 155). 다른 한편 여성들은 더 감정적이라고 가정되기 때문에 더 많은 감정적 재능을 산출할 것을 기대받기도 한다. 그러면서도 변호사의 여성 보조원은 사람들을 따뜻하게 대하고 명랑하다는 이유에서 남성 보조원보다 덜 신뢰받기도 한다. 그들을 감독하는 변호사들은 여성 피고용인의 그러한 행동을 하나의 '재능'으로 간주하기보다는 그냥 그것을 기대할 수도 있다(Pierce 1995). 마지막으로, 많은 문화 — 그러나 모든 문화는 아니다 — 에서 고객 서비스 노동자들은 비록 고객들이 긍정적 감정표출("갭에 오신 것을 환영합니다!")에 동일하게 보답하지 않더라도, 빈번히 그들의 유급고용의 일부로서 그러한 감정을 표출할 것을 기대받는다. 고객과 노동자 간의 관계에서 발생하는 어떤 감정적 불평등은 임금에 의해 시정될 것으로 추정된다(Hochschild 1983: 86).

| 관련 연구 집중 탐구 |

사회감정적 경제에서 동정심 교환하기

캔다스 클라크는 『비참함과 동료Misery and Company』에서 교환이론을 감정
에 적용하고 있는, 매우 흥미롭고 철저하고 쉽게 이해할 수 있는 사례를 제시
한다(Clark 1997). 클라크는 미국 문화에서 동정심이 수행하는 역할을 탐구
하기 위해 다양한 전거로부터 자료를 수집했다. 그녀(그리고 그녀의 보조자
들)는 93명을 심층 인터뷰했고, 1200명이 넘는 응답자를 대상으로 설문조사
를 실시했으며, 있는 그대로의 다양한 상황(이를테면 병원, 장례식장, 사무실)
에서 동정심 교환에 참여하여 관찰했고, 인사장과 뉴스보도에 등장하는 동정
심 표현들을 수집했다. 그녀는 덜 공식적으로는 집중적인 엿듣기, 목적의식
있는 대화, 그리고 (응답자들에게 더 많은 성찰을 자극하는 하나의 방법으로)
지도받는 자유로운 글쓰기를 통해 자료를 수집했다. 거기에 덧붙여 클라크는
동정심과 동정적인 성격에 관한 픽션·논픽션 저작들을 읽고, 그녀 자신의 반
응을 면밀하게 검토하기 위해 주의 깊게 자기성찰을 했다(Ellis 1991). 클라크
의 절충주의적 방법론은 그녀에게 복잡하고 미묘한 주제를 연구하는 데서 여
러 유리한 위치를 점할 수 있게 해주었다.

클라크는 그러한 자료들을 분석하여, 동정심이 합리적 계산과 다양한 사회
적 요인들에 의해 틀 지어진다는 것을 발견했다. 모든 사람들은 동정심 전기
sympathy biography — 동정심을 주고받은 역사 또는 패턴 — 를 가진다. 그들의
이전의 행동이 자신의 동정심 계좌에 그들이 얼마나 많은 동정심 신용을 가
지고 있는지를 틀 짓는다. 동정심에 보답하지 않은 사람들은 다른 사람들과
쌓는 신용등급을 위태롭게 할 수도 있었다. 이를테면 어떤 좋은 친구가 힘겨

운 이혼을 한 당신을 위로했지만 두 달이 지나도록 당신이 기꺼이 신세를 갚고 싶어 하지 않는다면, 당신의 친구는 앞으로 당신의 어떠한 요구에도 응답하지 않을 수 있다. 아니면 개인적 문제를 과장하거나 거짓말을 하며 부당하게 동정심을 요구하는 어떤 사람을 상상해보라. 미국인들은 어이없는 농담을 하여 재미를 유도하는 사람을 환영하지만, 어이없는 동정심 요구는 불필요하고 불쾌한 '비용'으로 간주하는 경향이 있다. 따라서 누군가가 의구심이 드는 비통한 이야기를 할 경우, 그것은 그의 동정심 계좌를 빨리 고갈시킬 수 있다. 왜냐하면 거짓 주장은 진실한 주장보다 훨씬 더 "비용이 많이 들기" 때문이다. 결국 사람들은 말을 들어주고 지원해주기를 중단할 것이다.

다른 한편 항상 동정심을 주기만 할 뿐 결코 받지는 않는 사람 역시 곤경에 빠질 수 있다. 그러한 사람들은 동정심 신용을 엄청나게 쌓아가기보다 자신의 동정심 계좌를 완전히 닫아버릴 위험에 처한다. 동정심을 결코 필요로 하지 않는 사람은 너무나 냉담하거나 거만하거나 자족적인 것으로 보임으로써 다른 사람들과 소원해질 수도 있다. 그 결과 불행이 닥쳤을 때, 다른 사람들은 그 사람에 대해 "그는 항상 그럴듯이 괜찮을 거야"라고 가정하거나 그 사람에게 그렇게 말할 수도 있다. 사용하지 않는 신용카드가 은행에 의해 취소되는 것처럼, 휴면계좌는 동료들에 의해 폐쇄될 수도 있다.

동정심 계좌는 또한 개인들이 지닌 중요성에 대한 해석에 의해서도 영향받는다. 다시 말해 "사람들은 사회적 행위자들의 어떤 범주를 다른 범주보다 더 가치 있고 더 훌륭하거나 더 중요하다고 인식한다"(Clark 1997: 114). 인간은 자신들의 가족, 공동체, 인종, 종교, 또는 국가에 동정심 계좌를 배당할 때 다소 인위적인 경계를 설정한다. 사람들은 무제한으로 동정심을 표현할 수 없다. 따라서 그들은 감정적·물질적으로 지원할 사람들에 대해 자의적인

(그러나 문화적으로 인도되는) 결정을 내린다. 사회적 중요성은 곤경의 원인으로 인지된 것에 의해서뿐만 아니라 가치 있는 집단의 성원자격에 의해서도 결정된다. '불운'으로 고통 받는다고 생각되는 개인에게는 스스로 문제를 만들어낸 것으로 인식되는 사람보다 더 많은 재량권이 주어진다. 따라서 알코올 중독자가 초기 시대에는 자신의 문제로 인해 더 많은 비난(그리고 더 적은 동정)을 받았지만, 그는 이제 불행한 질병을 겪는 것으로 해석되기도 한다 (Clark 1997: 109).

이러한 방식으로 그리고 또 다른 방식으로 클라크는 동정심이 사회감정적 경제 ─ 수입 및 지출과 관련한 합리적 계산뿐만 아니라 적절한 행동에 대한 규범적 이해에 의해 틀 지어지는 체계 ─ 를 통해 흐른다고 주장했다(또한 Clark 1987도 보라).

클라크의 생각을 당신 자신의 삶에 적용시켜보라. 당신의 동정심 전기가 당신의 동정심 계좌에 예치된 때 또는 그 계좌에서 인출된 때를 생각해보라.

의구심과 양가감정: 감정 교환에 대한 상충하는 해석들

상업의 영역에서 사람들이 사물의 가치에 대해 항상 의견을 같이하는 것은 아니다. 때때로 어떤 고객은 자신이 제품이나 서비스의 대가로 과도하게 지불했다고 생각하기도 한다. 또는 판매원과 고객은 새 자동차나 중고 기타의 가격을 놓고 합의에 도달하지 못하여 거래가 무산되기도 하고, 한쪽이 다른 한쪽에게 속았다고 느끼기도 한다. 따라서 교환이론을 뒷받침하는 비즈니스 유추(Rigney 2001)를 한층 더 확장할 경우, 그것은 감정과 교환이론에 대한 마지막 논점을 예증하는 데 도움을 줄 수 있다.

상업적 거래와 마찬가지로 비공식적이고 비금전적인 교환에서도 사람들이 서로 거래하는 재화와 서비스의 가치를 둘러싸고 의견불일치 — 또는 **의구심**misgivings — 가 발생할 수 있다(Hochschild 2003). 그러한 불일치가 명시적으로 인식되고 논의되는지와는 무관하게, 의구심은 사람들의 감정경험, 감정표현, 감정관리에 영향을 미칠 수 있다.

이 개념을 예증하기 위해 탐탁지 않은 생일선물의 예로 되돌아가보자. 조부모는 손자에게 줄 스웨터를 찾고 구매하고 포장하는 데 상당한 시간을 쓸 수도 있다. 선물에 들인 생각, 노력, 돈이 그 스웨터에 손자 — 단지 "이 꼴사나운 스웨터, 절대 안 입을 거야"라고 생각할 뿐인 — 가 인지하지 못하는 의미나 가치를 부여하기도 한다. 손자는 감정규범에 순응하고 조부모의 감정을 보호하기 위해 적당한 수준의 감사를 가장할 수도 있다. 그리고 손자의 관점에서 이 표면 연기는 하나의 '선물'이나 '보답'으로 생각될 수도 있다. 왜냐하면 전혀 달갑지 않은 생일선물에 보답하는 데 애쓰고 있기 때문이다. 하지만 조부모는 실망감의 기색을 간파할 수도 있고, 선물에 상정된 가치에 견주어 기대했던 것보다 낮은 수준으로 손자가 감격하고 있다고 느낄 수도 있다. 그 결과 둘은 그 교환으로 인해 배신감을 느끼거나 무례한 처우를 받았다고 느낄 수도 있다. 그중 어느 누구도 그 문제를 공개적으로 논의하지 않지만, 그 관계는 강화되기보다는 손상될 가능성이 있다.

'선물'에는 단지 포장된 물품만이 아니라 실체를 지니지 않는 호의 역시 포함될 수 있다. 가까운 동료들(이를테면 대학의 두 룸메이트) 사이에서는 크고 작은 거래가 일상적으로 일어난다. **내성적인 사람** — 소수의 사람들하고만 대화를 즐기는 사람 — 과 함께 사는 **외향적인 사람** — 다른 사람과 사회적 상호작용 및 언어적 의사소통을 잘하는 사람 — 을 마음속에 그려보라(Cain 2012). 외향적인 사람은 내성적인 사람이 문으로 들어서자마자 "오늘 하루 어땠어?"라고 격정적으로 물을 수도 있다. 이 제스처는 하나의 이익 — 관심과 애정의 표현, 그리고 다른 사람의 관심사 경청하기 — 으로 의도될 수도 있다. 하지만 내성적인 사람은 그것을 하나의 비용으로 경험할 수도 있다. 왜냐하면 그녀는 긴 하루의 끝에 얼마간 조용히 홀로 있는 것을 더 좋아하기 때문이다. 마찬가지로 외향적인 사람은 자신에게는 큰 선물처럼 보이는 것이 자신의 내성적인 친구에게는 하나의 거북한 짐일 수 있다는 것을 깨닫지 못한 채 자신의 룸메이트를 위해 불시의 생일파티를 계획할 수도 있다. 내성적인 사람은 자신의 룸메이트에게 감사를 표현하면서 파티 내내 심층 연기나 표면 연기를 해야 할 수도 있다. 만약 내성적인 사람이 화를 낸다면(극도로 피로해서건 아니면 자신을 제대로 알지 못하는 데 격분해서건), 그녀는 감정규범을 위반하기 때문에, 그리고 그녀의 룸메이트가 그녀에게 준 선물에 당연한 것으로 여겨지는 보답을 하지 않기 때문에 가혹한 평가를 받을 수도 있다.

대인관계와 관련된 상품은 서로 다른 사람들에 의해 또는 심지어 같은 사람에 의해서도 다른 수준에서 평가될 수 있다. 이상하게 들릴 수도 있지만, 사람들은 자신과 다툴 수도 있고, 또는 특정 주제와 관련하여 '한 가지 마음'을 가지지 않을 수도 있다. 때때로 우리는 양가감정을 느껴, 둘 또는 그 이상의 관점 사이에서 동요하기도 한다(Weigert 1991). 이를테면 내성적인 사람은 외향적인 룸메이트가 벌인 불시의 파티에 대해 어떻게 느껴야 할지를 결정하지 못할 수도 있다. "그 파티는 정말 과도하고 '지나쳤던' 걸까, 아니면 그곳에 모인 친구들에게 둘러싸여 있는 것이 나한테 좋은 일이었을까? 나의 룸메이트는 내가 좋아하는 것을 제대로 알지 못하면서 남의 기분도 모르고 행동한 걸까, 아니면 그녀는 정말 사려 깊고 관대했던 걸까?" 그 내성적인 사람은 인지적 심층 연기를 통해 자기 자신에게 감정규범에 순응하고 명백한 부채를 상환하는 감정을 가지라고 스스로에게 말하기 위해 노력할 수도 있다. 다른 한편 그녀는 더 화를 내고 그녀의 룸메이트와 다투는 것으로 이어지는 생각에 집중할 수도 있다.

사람들의 관점은 단일하지도 않고 영구하지도 않다. 어떤 사람이 대인관계와 관련된 어떤 상품에 부여하는 가치는 시간이 경과함에 따라 점차 변화할 수 있다. 연애관계에 있는 두 파트너가 거래한 한 가지 선물 — 설거지하기 — 을 살펴보자. 이 활동에 부여된 가치는 정적인 것이 아니고, 아마도 관계가 진전됨에 따라 점차 변화할 것이다(Nelson 2011). 이를테면 어떤 남자친구는 여자친구의 아파트에서 접시를 닦고 난 후 여자친구로부터 아주 감격해서 하는 "정말 고마워!"라는 말을 들을 수도 있다. 그다음에 서로 탐색하며 함께 살기 시작하면서 그 남자는 좀 더 가벼운 어조의 "고마워"라는 말을 들을 수도 있다. 그다음 일 년 후에 남편이 되어서는 그 남자는 거의 어떠한 감사표시도 받지 못할 수 있다. 왜냐하면 그의 아내는 그가 똑같이 집안일에 책임이 있다고 (아주 합당하게) 생각하기 때문이다. 그 남자는 혼란에 빠질 수도 있다. "나는 같은 사람이고 같은 허드렛일을 하는데, 아무런 감사인사도 받지 못하잖아! 왜 아내는 그간 해온 대로 나를 고맙게 여기지 않는 거야?" 선물의 변화하는 가치를 감지하지 못하는 이 남자는 설거지하기의 '현재 시세'가 변했다는 것을 인지하거나 이해하지 못할 수도 있다. 그의 아내는 한때는 설거지하기를 하나의 애정 표시로 보고 값을 매겼지만, 지금은 그것을 의무로 간주하고 있는 것이다.

주

1   클라크는 이러한 논리들을 굴드너(Gouldner 1973)와 여타 학자들의 저작에 의거하여 설명한다.
2   사회적 상호작용을 분석할 때, 사람들의 행동을 어떻게 해석할지를 결정하기란 어려울 수 있다. 행위자들이 단지 사회적 규범에 순응하는 중인가? 아니면 보다 이익이 되는 행위경로를 선택하기 위해 합리적 계산을 하는 중인가? 인간의 행동을 이해할 때, 이 중에서 하나의 프리즘에 강조점을 둘 것인지, 아니면 두 프리즘 모두에 강조점을 둘 것인지, 아니면 어느 쪽에도 강조점을 두지 않을 것인지는 자주 개인적 판단의 문제이다. 내가 제1장에서 언급했듯이, 우리가 이 책에서 논의하는 개념들은 당신이 당신 자신과 당신을 둘러싼 세계를 이해하는 데 이용할 수 있는 수단 — 그러나 로봇처럼 기억하고 적용하기보다는 창조적으로 시험해보아야 하는 수단 — 이다.

연 습 문 제

당신과 친구, 동료, 또는 친척 사이에서 있었던 사회적 교환을 회상하라. 그리고 다음 중 둘 또는 그 이상의 질문에 대해 고찰하라.

1. 감정은 교환에서 결과로서 작동했는가, 아니면 인풋으로 작동했는가?

2. 당신 또는 당신의 동료들은 교환하는 동안에 표면 연기를 이용했는가, 아니면 심층 연기를 이용했는가?

3. 감정규범이 당신의 행동 그리고/또는 당신의 합리적 계산을 틀 지었는가?

4. 그 거래 내에 어떤 의구심 또는 양가감정이 존재했는가?

››› 더 읽을거리

혹실드(Hochschild 1983: 78)는 『관리되는 마음』 제5장에서 "우리는 감사, 사랑, 화, 죄책감 및 여타 감정들을 마음의 장부의 '부채' 항목과 '수익' 항목에 기입한다"라는 자신의 유명한 주장에 대해 설명한다. 그녀는 또한 '연속적' 교환과 '즉흥적' 교환을 구분하고, 그것들과 감정규범의 관계를 설명한다. 혹실드(Hochschild 2003)는 나중의 한 논문에서 교환의 원리를 남편과 아내의 가사분담에 적용한다. 혹실드는 거기서 배우자의 감사표현을 집안일에 대한 그들의 젠더화된 감정과 남성들의 기꺼운 가사노동 공급과 연관짓는다. 마거릿 넬슨(Margaret Nelson)은 관계의 단계와 그 단계 내에서 발생하는 교환 간의 관계를 조명함으로써 혹실드의 연구를 보강한다(Nelson 2011).

Hochschild, A. R. 1983. "Paying Respects with Feeling: The Gift Exchange." Chapter 5 in *The Managed Heart*. Berkeley, CA: University of California Press.

Hochschild, A. R. 2003. "The Economy of Gratitude." pp. 104~118 in *The Commercialization of Intimate Life: Notes from Home and Work*. Berkeley, CA: University of California Press.

Nelson, M. K. 2011. "Love and Gratitude: Single Mothers Talk about Men's Contributions to the Second Shift." pp. 100~111 in *At the Heart of Work and Family: Engaging the Ideas of Arlie Hochschild*, edited by A. I. Garey and K. V. Hansen. New Brunswick, NJ: Rutgers.

비록 50년도 더 전에 집필되었지만, 혼전 섹스에 관한 피터 블라우(Peter Blau)의 관점은 여전히 교환이론의 매력적이고 재미있는 사례이다. 블라우는 시장원리 — 수요와 공급 같은 — 를 이용하여 커플들이 언제 그리고 왜 혼전 성행위를 하는지, 그리고 어떤 조건하에서 성적 호의가 지속적인 상호 애착으로 이어지는지를 설명한다. 다음으로 에바 일루즈(Eva Illouz)는 연애 파트너를 선택하는 전근대적 절차와 근대적 절차를 비교한다. 그녀의 난해하지만 통찰력 있는 저서는 근대의 성적 행동에 만연되어 있는 합리적 계산이 시간이 경과하며 변화해온 더 큰 사회적 힘에 의해 틀 지어지는 방식을 보여준다. 이처럼 일루즈는 교환이론을 역사적 관점 속으로 끌어들이고 있다.

Blau, P. M. 1964. "Excursus on Love." pp. 76~87 in *Exchange and Power in Social Life*. New York: Wiley.

Illouz, E. 2012. *Why Love Hurts: A Sociological Explanation*. Cambridge: Polity. (특히 제2장을 보라.)

교환이론과 감정의 관계를 보다 전문적으로 개관한 글로는 다음을 참고할 수 있다.

Lawler, E. J. and S. R. Thye. 1999. "Bringing Emotions into Social Exchange Theory." *Annual Review of Sociology* 25: 217~244.

Hegtvedt, K. A. and C. L. Parris. 2014. "Emotions Injustice Processes." pp. 103~125 in *Handbook of the Sociology of Emotions: Volume II*, edited by J. E. Stets and J. H. Turner. New York: Springer.

대니얼 리그니는 교환이론을 떠받치는, "비즈니스로서의 삶"이라는 은유를 명쾌하게 설명한다. 이 관점에서 볼 때, 실제로 어떠한 사회적 상호작용도 이윤, 수요와 공급, 기회비용과 같은 개념들을 이용하여 마치 그것이 하나의 경제적 거래인 것처럼 분석될 수 있다.

Rigney, D. 2001. "Society as Marketplace." Chapter 6 in *The Metaphorical Society: An Invitation to Social Theory*. Lanham, MD: Rowman & Littlefield.

05

감정노동

지금까지 우리는 감정의 세 가지 차원, 즉 감정규범, 감정관리, 감정교환에 대해 논의했다. 이 장에서 우리는 이 세 가지 개념을 기반으로 하여 새로운 주제, 즉 감정노동으로 나아갈 것이다.

(제1장에서 논의한) 생각하기, 행위하기, 느끼기 간의 잠정적 구분을 이용하여 이 주제에 접근해보기로 하자. 우리는 각각의 용어로부터 추론함으로써 세 가지 종류의 노동을 (느슨하게) 구별할 수 있다. **인지적 노동**cognitive labor은 어떤 과업 ― 질병의 진단, 세법의 제정, 욕실 리모델링 입찰과 같은 ― 에 요구되는 집중도와 사고력으로 사람들의 주목을 받는다. **신체적 노동**physical labor의 경우 사람들은 자신들의 일 ― 이를테면 못 박기, 박스 들기, 햄버거 조립하기, 또는 심지어는 썩은 다리 절단하기 ― 을 수행하기 위해 자신의 체력과 손재주를 이용해야만 하는 상황을 강조한다. 다음으로 감정노동 개념은 우리가 유급고용의 또 다른 차원을

인식하는 데 도움을 줄 수 있다.

간명하게 표현하면, 사람들은 자신의 업무 속에서 감정을 관리할 때, 항상 감정노동을 수행한다. 노동자들은 자신의 일이 요구하는 감정을 경험하고 표출하기 위해 빈번히 표면 연기와 심층 연기를 이용한다. 이를테면 웨이트리스는 (미적거리는 고객들로 인한) 짜증을 억누르고, (단조로움에서 기인하는) 지루함을 감추고, (무기력할 때) 생기발랄한 열의를 가장할 필요가 있다. 웨이트리스도 그리고 그녀의 고용주도 "바람직한 태도 갖기"나 "손님 비위 맞추기"와 같은 상대적으로 모호한 표현 말고는 그러한 노동을 명시적으로 논의하기 위한 전문 용어를 가지고 있지 않을 수도 있다(Hallet 2003). 그럼에도 불구하고 노동자가 감정노동을 기꺼이 효과적으로 수행할 수 있는 능력을 지니고 있는지가 그녀의 고용과 해고를 결정할 수 있고, 손님이 주는 팁에 직접 영향을 미칠 수도 있다.

감정노동은 노동자들에게 고객과 직접 그리고 빈번히 상호작용할 것을 요구하는 직무에서 가장 분명하게 드러난다(Leidner 1999). 호스티스, 캐시어, 텔레마케터, 헤어 스타일리스트와 같은 직업이 머리에 떠오른다. 아니면 카지노의 카드 딜러를 상상해보라. 이 노동자들은 하루에 몇 시간 동안 고객과 친절하게 대화하며, 고객들의 지갑에서 현금을 체계적으로 빼내는 게임을 관리한다(Enarson 1993; Sallaz 2002). 자동차, 집, 핸드폰, 구두 및 여타 제품들을 파는 사람들도 엄청나게 감정관리를 할 것이다(Prus 1989).

고객 서비스와 판매직 외에 전문직에게도 감정노동이 요구된다. 회계사, 변호사, 의사, 간호사, 정신과 의사, 사회사업가, 교사 모두 자신들의 직무를 성공적으로 수행하기 위해 자신들의 감정을 조절해야만 한다(이를테면 Bellas 1999; Delaney 2012; Erickson and Grove 2008을 보라). 과도한 화나 불충분한 동정심을 드러내는 전문가는 고객을 잃거나 적어도 나쁜 평판을 얻을 수 있다.

감정노동을 **자기 자신의 감정을 관리하고 돈을 받는 것**으로 정의하는 것은 정확하지만 다소 불완전하다. 좀 더 광범한 의미에서 감정노동 개념은 노동자들이 **다른 사람들**의 감정에 작업을 가하는 방식에도 주목한다. 많은 직무가 노동자들에게 고객이 얼마간 행복해하거나 만족해하도록 하기 위해 노력할 것을 요구한다. 다른 직무들도 노동자들에게 고객이 공포와 불안을 느끼지 않게 할 것을 권고한다. 간호사, 승무원, 문신 시술자, 세무사가 전략적으로 사용하는, 확신에 차 있으면서도 위안을 주는 목소리 톤을 상상해보라. 이 모든 사례에서 감정노동은 그들 자신의 감정을 관리하기 위해서뿐만 아니라 고객과 의뢰인의 감정을 틀 짓기 위해서도 애를 많이 쓴다.

또한 동료들이 감정관리의 대상이 될 수도 있다. 이를테면 피고용자들이 팁, 커미션, 또는 상관으로부터의 칭찬을 놓고 서로 경쟁할 때, '승자'가 흡족한 마음을 드러내고 싶은 충동을 억누르는 동안 '패자'는 그들의 시기심을 숨길 필요가 있을 수도 있다. 어떤 피고용자는 느릿느릿하거나 무능하거나 또는 과도한 양의 향수를 뿌려서 동료들이 욕구불만이나 짜증의 감정을 억눌러야 하는 일이 생기게 하기도 한다. 많은 피고용자가 매년 인사고과를 받는다. 거기서 감독자들이 바람직한 감정적 효과를 창출하기 위해 비판하고 칭찬하려고 노력하는 반면, 노동자들은 그러한 노력에 주의 깊게 반응한다. CEO와 소기업 소유자들조차도 때때로 감정관리를 함으로써(어쩌면 열의의 모델이 됨으로써 또는 연설하는 동안 낙관적인 태도를 보임으로써) 피고용자들을 자극할 필요가 있기도 하다(Humphrey 2012).

실제로 비록 사회적 상호작용이 거의 또는 전혀 일어나지 않는다고 하더라도, 모든 직무가 일정한 감정관리를 요구한다. 완전히 혼자 일하는 사람들 ─ 아마도 홈 오피스나 고속도로 트럭 내에서 ─ 도 아마 때때로 자신들의 감정을 관리할 것이다(Musson and Marsh 2008). 만약 격리된 노동자가 지루함을 극복하고 외로움을 이겨내고 좌절감을 억누르거나 또는 과업을 완수하기 위한 열의를 불러일으키고자 한다면, 거기서도 얼마간 심층 연기가 행해질 가능성이 있다.[1]

고용주가 피고용자의 감정노동에 영향을 미치는 네 가지 방식

모든 고용주가 자신들의 피고용자의 감정관리에 관심을 가지는 것은 아니다. 경영자들이 감정노동의 중요성을 인지하지 못하거나 그것을 부적절한 것으로 생각할 수도 있다. 이를테면 용접공을 고용할 때, '대인관계 기술people skills'은 토치램프를 다루는 능력에 비해 중요하지 않은 것으로 생각될 수 있다. 유사하게 고용주가 통행료 징수원이 무뚝뚝하다는 것을 용서할 수도 있다. 운전자들이 요금을 지불할 수밖에 없기 때문에, '좋은 퍼스낼리티'는 본질적인 것으로 생각되지 않기 때문이다.

다른 한편 때때로 고용주들은 유능한 감정노동자들을 고용하기를 원한다. 만약 통행료 징수원이 도시의 공적 얼굴의 일부로 고려된다면, 감정관리는 매우 적절하고 중요한 것으로 여겨질 수 있다.

따라서 많은 경우 고용주들은 직원을 고용하고 훈련시키고 평가할 때 감정노동을 고려에 넣는다(Leidner 1999). 고용주들이 그러한 감정노동을 유도하는 보다 간접적인 수단 ― 광고 ― 과 함께 감정노동을 통제하기 위한 세 가지 전략을 검토해보자(Hochschild 1983).

고용

나는 어떤 고용주가 신문의 '구인광고'나 회사 웹사이트에 항상 다음과 같은 공지를 해왔을 것이라고 생각하지 않는다.

사원 모집: 표면 연기와 심층 연기를 이용하여 회사가 선호하는 감정경험과 감정표현을 산출할 수 있는 노동자

하지만 유사한 생각을 전달하기 위해 덜 전문적인 용어가 사용될 수도 있다. 지역신문의 구인광고에서 고용주는 적극적 태도, 뛰어난 대인관계 기술, 사교적이거나 붙임성 있는 퍼스낼리티, 그리고 다른 사람들과 함께 일을 잘 할 수 있는 능력을 가진 노동자들을 찾는다. 코체미도바(Kotchemidova 2005)는 Monster.com을 조사하여 '쾌활한 퍼스낼리티'를 가진 지원자를 요구하는 200개의 서로 다른 직무를 발견했다. 재미있게도 나는 오리건에서 '자아 없는no ego' ― 정말 절대적 필수조건! ― 요리사를 찾는 광고를 보았다. 아마도 틀림없이 이러한 종류의 묘사는 '천성적으로'든 표면 연기와 심층 연기를 통해서든 적절한 감정표현을 할 수 있는 피고용자의 능력과 얼마간 관련되어 있을 것이다.

구직자는 광고에 난 직무에 응모한 후 면접에서 감정관리 기술을 하나의 암묵적 기준으로 설정한 질문을 받을 수도 있다. 지원자는 가정된

시나리오("······한다면, 당신은 어떻게 대응할 것인가?")에 대답하거나 자신들이 과거에 대처한 적이 있는, 감정적으로 도발적인 상황의 사례를 자세히 설명할 것을 요구받을 수도 있다. 면접 상황 자체가 일종의 테스트 역할을 할 수도 있다.[2] 승무원에 대한 혹실드(Hochschild 1983: 4)의 연구에 따르면, 한 항공사는 한 방에 6명의 응모자를 모아놓고 면접을 기다리는 동안 그들로 하여금 서로에 대해 알게 했다. 이를 통해 구직자들은 낯선 사람들과 우호적인 대화를 할 수 있는 능력을 주시받고 평가받았다. 아니면 예비 소방관들의 경우를 고찰해보자(Sallaz 2002). 이 직무의 응모자들은 직무를 배우기 위해 구급차 동승하기에 참여한다. 동시에 부서의 직원들은 감정관리 기술이 떨어지는 사람들을 제외하기 위해 후보자들의 대인관계 기술(이를테면 스트레스에 대처하고 공중 및 동료들과 즐겁게 행동하는 능력)을 세심하게 관찰하고 평가한다.

모든 고용주가 그렇게 애를 쓰지는 않는다. 하지만 면접이 즉석 대화로 이루어질 때조차 고용주는 여전히 "응모자가 어떤 사람인지" ― (부분적으로는) "이 사람이 적어도 적절한 감정표현을 꾸며낼 수 있는지"를 의미할 수도 있는 ― 를 식별하기 위한 시도를 하고 있을 수 있다.

훈련

피고용자들은 이미 가지고 있는 감정관리 기술 때문에 고용되기도 하지만, 그럼에도 불구하고 일이 잘못될 수 있다. 이를테면 매우 무례한 고객과 상호작용을 한 후 '선천적으로' 매우 쾌활한 웨이터나 판매원조차도 직무에 도입된 감정관리 기술을 넘어서는 화나 좌절을 경험할 수 있다. 이러한 상황을 방지하기 위해 고용주는 회사가 공인한 표면 연기와 심층 연기 전략을 이용하여 (명시적 또는 묵시적으로) 노동자들을 훈련시킨다(Leidner 1999).

표면 연기는 피고용자들이 "당신의 미소가 당신의 가장 큰 자산이다 ― 그것을 이용하라"(Hochschild 1983: 105)와 "부정적이거나 불친절한 것으로 해석될 수 있는 어떤 보디랭귀지도 절대 하지 마라"(Sallaz 2002: 407) 같이 얼굴표정이나 신체적 제스처와 관련한 단순한 교육을 받을 때 권고받는다. 신참 피고용자들은 오리엔테이션 비디오를 시청함으로써 자신이 써야 하는 올바른 말씨와 목소리 톤을 배우기도 한다. 노동자들은 자신이 감사를 느끼는지 또는 특정 쇼핑객과 다시 상호작용을 하고 싶은지와는 무관하게 "안녕히 가십시오! 와주셔서 감사합니다! 곧 다시 뵙길 바랍니다"라고 말하도록 훈련받기도 한다. 신참 피고용자는 고객에게 특정한 이미지를 드러내고 사무실에서 일정 정도의 '전문성'을 유지하기 위해 (엄격하게 규제받지는 않을지라도) 머리모양, 메이크업, 장신구, 옷과 관련한 조언을 받기도 한다(Witz et al. 2003). 아마도 틀림없이 이러한 교육의 부분적인 목표는 적절한 표면 연기를 보장하기 위해서일 것이다. 너무나도 '고스적'이거나 '헤비메탈적'으로 보이는 외양이나 단정하지 않아 보이는 외양도 고용주가 부적절한 것으로 생각하는 슬픔이나 화의 감정을 불쑥 일으킬 수 있다.

심층 연기 교육은 더 나아간다. 일부 고용주는 감정을 단지 가면처럼 '쓰기'보다는 실제로 경험할 것을 원한다(Hochschild 1983: 105를 보라). 일부 고용주의 관점에서 볼 때는, 가짜 웃음으로 짜증을 덮는 노동자보다 짜증을 실제로 긍정적 감정으로 전환할 수 있는 노동자를 고용하는 것이 더 낫다. 노동자들이 심층 연기를 통해 바람직한 감정 상태에 들어가도록 하기 위해 그들에게 다양한 인지적 전술을 가르칠 수도 있다.

피고용자들 사이에서 '적절한'(즉, 회사가 선호하는) 생각과 감정의 양식을 산출하기 위해 고객 서비스 슬로건들이 이용되기도 한다. 보통 고용주들은 노동자들이 불만을 표출하는 고객에게 화를 내거나 고객과 다투는 것을 원치 않는다. 대신에 피고용자들이 동정심, 연민, 열정적으로 섬기고자 하는 욕망을 느끼기를 원한다. 노동자들을 그러한 방향으로 유도하기 위해 만들어진 것으로 보이는 공통의 표현들을 살펴보자.

- 손님은 항상 옳다.
- 단지 하나의 보스 – 손님 – 만이 존재한다.
- 손님은 왕이다.
- 손님의 인식이 당신의 실제 상황이다.
- 우리의 일자리는 우리의 손님들 덕분이다.

이러한 슬로건들은 감정훈련으로 인식될 수 있다. 즉, 고용주들은 노동자들이 그러한 생각들을 이용하여 심층 연기를 함으로써 보다 이익이 될 수 있는 감정을 가지기를 희망한다. (그러한 감정관리가 피고용자에게 해로울지의 여부는 우리가 이 장에서 나중에 살펴보듯이 하나의 관심사이자 논란거리이다.)

때때로 훈련은 슬로건을 훨씬 넘어선다. 회사는 광범위한 훈련과정을 통해 아주 고의적으로 노동자들이 특정한 방식으로 생각하도록 사회화하기도 한다. 이를테면 라이드너(Leidner 1993)는 연수생들에게 두 주의 수업(오전 8시부터 오후 5시까지, 그리고 과제)을 요구하는 한 보험회사를 연구했다. 수업의 주요 초점은 보험상품의 전문적 세부내용에 관한 것이 아니라 판매전략과 긍정적인 심적 태도의 원리에 관한 것이었다. 노동자들은 행복, 열의, 확신을 낳을 수 있는 사고방식을 교육받았다. 이를테면 보험 판매원들은 자신이 될 수 있는 가장 성공한 판매원을 상상하고 그 사람을 본떠서 자신의 태도 모형을 만들라는 말을 들었다(Leidner 1993: 104). 이 장의 '관련 연구 집중 탐구'에서 우리는 대학생 연령의 판매원들을 포함하는, 광범위한 심층 연기 교육의 또 다른 사례를 기술한다(Schweingruber and Berns 2005).

감정훈련이 단지 하향식이기만 한 것은 아니다. 동료들도 비록 암묵적인 방식으로이기는 하지만 서로를 회사 문화로 사회화한다. 신참 피고용자가 직원으로 들어올 때, 그 또는 그녀는 감정규범과 감정관리 전략에 관한 이야기를 듣기도 한다. 대신에 신입 소방관이 현장에 나가서 그리고 소방서로 돌아와서 선배 성원들을 관찰하고 그들의 감정적 태도를 모방하는 것처럼, 신참 노동자가 다른 피고용자들을 관찰하고 그들로부터 배우기도 한다(Scott and Myers 2005: 83). 노동자들은 표면 연기와 심층 연기를 통해 조직문화에 동화되고 그것에 잘 '어울릴' 수 있도록 노력하기도 한다. 기대로부터 너무 많이 벗어나는 사람들은 내가 다음에 논의하듯이 제재를 받기도 한다.

모니터링과 평가

모든 사람이 감정노동을 일관되게 잘 수행할 수 있거나 그렇게 하는 경향이 있는 것은 아니다. 신중하게 고용되고 면밀하게 훈련된 노동자들조차도 고용주의 기대를 충족시키는 데 실패할 수 있다. 일부 노동자들은 취업 인터뷰와 오리엔테이션 기간 내내 열심히 표면 연기를 하지만, 며칠 후에 덜 열성적이 되기도 한다. 아니면 몇 달 동안 손님맞이

("어서 오십시오!", "좋은 하루 되세요!")를 한 후에, 가장 유순하고 부지런한 피고용자조차도 비록 완전히 퉁명스러워지지는 않더라도 무기력 상태에 빠지기도 한다. 아마도 틀림없이 어떤 일터는 실제로 자신들의 감정노동자들에게 불가능한 요구를 하기도 할 것이다(Copp 1998). 어설픈 감정표출은 회사의 평판과 대차대조표에 부정적인 영향을 미칠 수 있기 때문에, 고용주는 노동자의 성과를 모니터링하는 조치를 취하기도 한다.

몇 가지 전략이 가능하다(Leidner 1999). 가장 단순한 것이 직접 관찰로, 관리자가 방 건너편에서 지켜보는 것이다. 이 전략은 잠재적으로 유용하지만, 노동자들은 상관이 자리를 비우거나 보이지 않는 곳에 있을 때 다르게 행동할 수도 있다. CCTV를 통해 고용주가 멀리에서 노동자를 실시간으로 또는 나중에 테이프를 돌려봄으로써 관찰할 수도 있다. 고객과의 전화통화를 녹음하여, 노동자의 부적절한 감정표출을 징계하는 데 사용되기도 한다. 어떤 콜센터는 소프트웨어로 부적절한 감정표출을 탐지하여 자동적으로 관리자에게 경보를 발함으로써 통화가 기분 나쁘게 끝나기 전에 관리자가 개입하게 하기도 한다(van Jaarsveld and Poster 2013).

고객들 또한 감시하고 피드백을 제공하고 제재를 할 권한을 가질 수 있다. 많은 고객이 노동자들이 드러내는 미묘한 감정적 단서에 민감하게 반응한다. 레스토랑에서 계산서에 추가되는 팁은 음식의 질과 전달 속도만큼이나 웨이터의 감정관리 능력과도 결부되어 있다. 고객들은 팁을 주는 것 외에 문서 형태로 (즉, 코멘트 카드를 작성하거나 전화, 메일, 인터넷 서베이에 응답함으로써) 자신들의 평가를 알릴 수도 있다. 이를테면 내가 사는 지역의 혼다 대리점에서는 나의 차를 수리할 때마다 내가 회사 직원으로부터 받은 대우를 포함하여 나의 경험에 대해 묻기 위해 조사자가 전화를 한다.

일부 기업은 정규 고객의 피드백에만 의존하지 않는다. 대신에 그들은 노동자의 성과를 관찰하고 평가하기 위해 고객으로 가장할 사람들을 고용한다(Ashkanasy and Daus 2002). 이들 '비밀 쇼핑객'은 피고용자의 품행을 비롯해 여러 차원에 의거하여 피고용자의 능력을 측정할 수 있다.

정규 동료들 또한 피고용자들이 제공하는 감정노동의 질을 모니터링할 때 활용할 수 있는 사람들이다. 세심한 (또는 참견하기 좋아하는!) 피고용자들은 동료가 회사의 감정규범을 위반했음을 알게 될 때 관리자에게 알리기로 결심하기도 한다. 그러한 피드백은 공개적으로 일어날 수도 있고 은밀한 뒷방 토론을 통해 일어날 수도 있다.

광고

고용주들은 자신의 노동자들을 전략적으로 고용하고 훈련시키고 모니터링함으로써 감정노동을 유도한다. 흥미롭게도 그리고 보다 미묘하게 고용주들은 또한 자신이 선택하는 광고를 통해 피고용자의 감정노동에 간접적으로 영향을 미칠 수 있다. 보통 광고는 고객들의 기대를 불러일으키고, 그럼으로써 노동자가 수행해야 하는 감정노동의 양을 증가시킨다(Hochschild 1983: 93).

특정 제품이나 서비스에서 발생하는 이익을 증진시키기 위해 회사는 고객들에게 매우 긍정적인 경험을 약속하는 경향이 있다. 이를테면 패스트푸드 기업은 고객의 식사가 매우 빨리 만들어질 것이며 보기 좋고 맛있을 것이며 행복에 가득 차서 미소 짓는 노동자에 의해 전달될 것임을 암시하는 광고를 이용하기도 한다. 현실 세계에서는 많은 요인 ─ 낮은 직급의 피고용인이 통제할 수 없는 요인들을 ─ 으로 인해 그러한 기대가 충족되지 못하기도 한다. 어떤 패스트푸드 회사는 광고에 등장한 음식이 세심하게 연출되었기 때문에 그 버전의 제품을 제공하기가 거의 불가능한 것은 말할 것도 없고, 매우 바빠서 (또는 직원이 부족해서) 오래 기다려야 하고 음식의 질이 떨어질 수도 있으며, 피고용인들이 제정신이 아닐 수도 있다. 그 결과 손님들은 피고용인들에게 불만을 표출하기도 한다(의욕이 앞선 광고가 악화시킨 곤란한 상황). 그러한 경우에 노동자들은 회사를 위해 **충격 흡수자**로서의 역할을 한다. 즉, 그들은 충족시킬 수 없는 기대가 낳을 수 있는 충돌을 흡수한다(또는 완화하기 위해 노력한다)(Hochschild 1983: 175).

이러한 생각들을 당신에게 시험해보기 위해 당신이 텔레비전(그리고 다른 곳)에서 본 광고를 한 번 살펴보라. 몇 년 전에 나는 월마트가 자신들의 노동자들이 손님들을 감격해서 맞이하는 것으로 묘사하는 광고를 보았다. 메리메이드 청소원들은 먼지 털기와 진공청소기로 청소하는 일에 아주 큰 기쁨을 느끼는 것으로 묘사되었다. 그리고 올리브가든 웨이터들은 손님을 가족처럼 매우 즐겁게 대접하는 것으로 묘사되었다. 아마도 틀림없이 이 모든 광고는 고객의 기대를 끌어올리고 노동자들의 감정노동을 증가시키는 경향이 있을 것이다. 때때로 광고는 피고용자의 섹슈얼리티를 부각시킨다(Hochschild 1983: 93). 광고를 통해 남성 고객이 여성 승무원이나 웨이트리스가 성적인 대상이 될 수 있다는 인상을 받으면, 노동자들은 성희롱에 우아하게 반응하는 부가적인 감정노동을 수행할 필요가 있을 수도 있다.

물론 고객들이 항상 광고를 진지하게 받아들이지는 않는다. 모든 사람의 기대가 쉽게 조작되지도 않는다. 하지만 적어도 **일부** 사람은 광고에 의해 영향을 받으며, 그들의 기대가 비현실적으로 끌어올려질 때 피고용자들에게 화풀이를 한다. 이렇듯 고용주가 광고와 관련하여 내린 결정은 그들의 노동자가 수행할 필요가 있는 감정노동에 간접적이지만 중요한 영향을 미친다.

| 관련 연구 집중 탐구 |

젊은 판매원을 성공한 감정노동자로 훈련시키기

당신이 여름 일자리를 원하는 대학생이라고 상상해보라. 당신은 패스트푸드 레스토랑의 최저임금 직무를 통해 벌 수 있는 것보다 수천 달러를 **더** 벌 수 있는 기회를 제시받는다. "괜찮은 것 같죠, 그렇죠?" 그런데 거기에는 함정이 있다. "당신은 기꺼이 집집마다 방문하여 초등학생과 고등학생 부모에게 교육용 도서를 판매할 수 있나요?"

도전하는 경우를 생각해보자. 고객들은 반복해서 "됐어요"라고 말하면서, 당신에게 거칠게 자신들의 소유지에서 나가라고 소리칠 것이다. 당신의 가족과 친구들은 회의적인 반응을 보일 수도 있고, 당신의 안전과 커미션을 떼일 위험에 관한 문제를 제기할 수도 있다. 그리고 그것은 오전 9시부터 오후 5시까지 에어컨이 작동하는 곳에서 일하는 사무직이 아니다. 날씨가 덥거나 비가 올 수도 있고, 그럴 경우 낯선 지역을 돌아다니는 것은 전혀 즐겁지 않을 것이다. 게다가 하루에 12시간 이상, 일주일에 6일 이상을 계속해서 이동해야 한다.

　당신은 아직도 추가로 수천 달러를 버는 것에 관심이 있는가? 많은 대학생은 여름 동안 이를테면 www.southwesternadvantage.com 같은 회사를 위해 방문판매를 하기로 결정한다.

　데이비드 슈바인그루버David Schweingruber와 낸시 번스Nancy Berns는 「감정 관리를 통한 젊은 판매원의 자아 틀 짓기Shaping the Selves of Young Salespeople through Emotion Management」에서 그들이 '엔터프라이즈Enterprise'(가칭)라고 부른 회사를 대상으로 학생용 도서 판매원과 관련된 흥미로운 연구를 수행했다(Schweingruber and Berns 2005). 슈바인그루버와 번스는 엔터프라이즈와 그 직원들에 관한 광범위한 자료를 수집했다. 슈바인그루버와 번스는 다양한 환경(이를테면 전화 판매, 충원과 훈련 세션)에서 일하는 관리자와 판매원을 관찰했고, 엔터프라이즈 노동자들과 공식·비공식적으로 인터뷰했다. 또한 그들은 회사의 기록물들(이를테면 매뉴얼, 테이프, 역사적 기록)을 분석했으며, 일련의 포커스 그룹 모임을 열었다. 그밖에 개인적인 경험도 연구자들에게 도움이 되었다. 왜냐하면 번스가 3년 동안 엔터프라이즈 판매원으로 일했기 때문이다.

　슈바인그루버와 번스는 엔터프라이즈가 노동자들이 감정노동에 종사할 수 있도록 준비시키는 데 많은 노력을 기울인다는 것을 발견했다. 비록 암기해야 하는 세일즈 대본과 작성해야 하는 서식이 존재했지만, 관리자들은 훈련의 80%가 감정적인 것이라고 생각했다(p. 688). 회사는 실제로 노동자들이 인내력과 효율성을 끌어올리는 방향으로 생각하고 느낄 수 있게 만드는 과정을 기술하기 위해 '감정훈련'이라는 용어를 사용했다.

　회사가 사용한 하나의 전략은 노동자들에게 '감정적 목적'(p. 681)을 가지도록 요구하는 것이었다. 관리자들은 연수생들에게 돈은 그 어려운 일을 하는 충분한 이유가 될 수 없다고 말했다. 판매원이 여름을 버텨내고 부자가 될 수 있도록 하기 위해 관리자들은 보다 개인화된 동기를 머리에 떠올리게 만들고자 했다. 이를테면 노동자들은 자신의 친밀한 관계를 이용하여 다양한 비금전적 목적 ― 이를테면 그들의 부모가 자랑스러워하게 만들기, 회의적이었던 친구가 틀렸다는 것을 증명하기, 또는 자신의 미래의 아이들을 위한 성공적인 롤 모델 되기 ― 을 설정했다.

엔터프라이즈는 많은 활동을 통해 그러한 감정적 목적을 강화했다. 노동자들은 자신의 목적을 적어두고, 동료들과 그 목적에 대해 토론하고, 가가호호 방문하는 동안 그 목적을 큰 소리로 복창하라는 말을 들었다. 회사는 또한 노동자들의 감정적 목적을 다양한 모임, 의식, 경쟁에 끌어들였다. 더 나아가 판매원들은 그들의 감정적 목적의 중심에 있는 중요한 타자들과 상상의 대화를 하는 훈련을 받았다. 그러한 대화는 힘이 드는 날에 좌절이나 공포를 극복하고 노동자가 성공에 대한 결의를 강화하는 데 이용될 수 있었다. [여기서 당신은 제3장에서 논의한 셰인 샤프의 연구(Sharp 2010)와의 유사성을 알아챘을 수도 있다.]

감정적 목적과 함께 노동자들은 여러 다른 감정관리 전략을 이용하도록 훈련받았다. 그중 하나 ― 인지적 심층 연기의 한 형태 ― 가 여름 아르바이트를 단지 판매실적을 내는 것이 아니라 하나의 **서비스**를 제공하는 것으로 재정의하는 것이었다. 관리자들은 노동자들에게 그들이 단지 그 회사의 제품을 판매하는 것이 아니라 고객의 어린아이들이 학교 공부를 잘하고 더 풍요로운 삶을 누리도록 돕는 교육용 도서를 제공하는 중이라고 말했다. 그밖에도 노동자들은 단지 다른 사람들과 상호작용하는 것만으로도 그들이 세상을 더 나

감정노동자들 사이에서 발생하는 불평등

고용주들은 고용, 훈련, 모니터링, 광고를 통해 자신의 노동자들에게 엄청난 양의 통제력을 행사한다. 하지만 노동자들도 얼마간의 권력을 가진다. 이를테면 노동자들은 일자리를 얻기 위해서 무엇이든 할 수 있다고 말하고 나서는 자신이 적절하다고 생각하는 대로 그 일을 수행함으로써 자신을 고용하고 훈련시키는 사람들을 '우롱'할 수 있다. 모니터링 역시 불완전하므로 노동자들은 회사의 감정규범을 때때로 회피할 수 있다. 어떤 경우에 노동자들은 자신의 감정을 조직하고자 노력하는 고용주에게 '반감을 가지'거나 반항하기조차 한다(Rodriquez 2011). 그럼에도 불구하고 고용하고 해고하는 권한을 가진 사람들이 보통 가장 많은 권력을 가지며, 피고용자들도 그것을 알고 있다.

불평등은 또 다른 방식으로, 즉 노동자들 간의 차이를 관통하는 방식으로 감정노동에 영향을 미친다. 모든 노동자가 동일한 양의 감정노동을 기대받지는 않는다. 젠더, 인종, 지위에 따라 일부 노동자의 표면 연기와 심층 연기가 보다 빈번하고 강하고 심하게 요구될 수 있다.

젠더

만약 감정노동이 성중립적이라면, 남성과 여성이 똑같이 감정노동을 수행할 것이다. 사회학자들은 그것이 사실이 아니라고 주장해왔다(Bellas 2001). 대신에 여성 노동자가 남성 노동자보다 감정노동을 더 많이 수행하는 경향이 있다. 그것은 ① 직업이 성별로 분리될 수 있고, ② 한 직업 내에서의 업무가 성별로 분리될 수 있으며, ③ 동일 직업 내에서 동일한 업무를 수행할 때조차 여성 노동자들이 차별 대우를 받을 수 있기 때문이다.

직업이 성별로 분리되는 까닭은 특정한 직업경로가 남성 또는 여성에 의해 지배되는 경향이 있기 때문이다. 추가적인 감정노동이 요구되는 일자리들은 자주 '여성의 일'로 간주된다. 이를테면 조종사가 남성인 경향이 있다면, 승무원은 여성일 가능성이 더 크다. 분명 후자의 일자리가 감정노동을 해야 할 때가 더 많다. 승무원들은 비행을 무서워하고 잃어버린 여행 가방을 걱정하고 늦은 출발에 대해 화를 내는 승객에게 대처할 가능성이 더 많다. 조종사는 확성기로 공지하는 것 말고는 극단적인 상황에서만 드물게 승객의 감정과 행동을 통제하는 일을 한다.

우리는 유사한 형태를 다른 상황에서도 발견할 수 있다(Guy and Newman 2004). 엄격한 법칙은 아니지만, 젠더화된 경향은 레스토랑, 병원, 회사에서도 발견된다. 여성은 웨이트리스, 간호사, 접객원으로 일할 가능성이 더 많고, 따라서 요리사, 의사, 관리직보다 공중과 더 직접적으로 상호작용한다. 이 사례들 모두에서 여성은 보다 감정노동을 요구하는 역할에 끌리거나 그런 역할로 인도되는 경향이 있다. 매우 소수의 남성이 초등학교 교사(양육이 많이 요구되는 일자리)가 되고, 매우 소수의 여성이 건설 노동자(노동이 감정적이기보다 육체적인 일자리)가 된다.

물론 어떤 직업이 완전히 성별로 분리되어 있는 경우는 거의 없다. 간호사, 접객원, 초등학교 교사 중에는 남성도 일부 있다. 하지만 남성과 여성이 동일한 일자리를 가지는 경우에조차 여전히 한 지위 내에서 **업무별 분리**가 존재할 수 있다(Bellas 2001). 남성 승무원은 무거운 가방을 머리 위 짐칸으로 올릴 것을 더 자주 요구받지만, 여성 승무원은 감정노동 – 이를테면 아이들, 노인, 또는 유족을 안심시키기 – 을 요구받을 가능성이 더 많다. 치안 영역으로 성공적으로 진입한 여성은 그 일자리가 남자에게 요구하는 것과 여자에게 요구하는 것이 같지 않다는 사실을 발견하기도 한다. 성범죄와 여타 범죄의 피해자를 위로할 때, 여성 경찰관이 나설 것을 기대받기도 한다(Martin 1999).

만약 **직업**과 **직업 내 업무** 모두가 무작위적으로 분배된다면, 두 경우 모두에서 우리는 성별로 거의 50 대 50의 분할을 기대할 수도 있다. 하지만 그러한 젠더 중립적 시나리오가 남성과 여성이 유사한 양의 감정노동을 수행하는 것을 보장하지는 않을 것이다. 왜냐하면 남성 피고용자와 여성 피고용자가 동일한 직업 내에서 동일한 업무를 수행할 때조차 **고객, 동료, 고용주는 여전히 여성에게 더 많은 요구를 할 수 있기** 때문이다(Bellas 2001). 이를테면 여성 승무원이 승객들에게 좌석 벨트를 채우거나 좌석 밑에서 돌아다니는 여행 가방을 짐칸에 보관할 것을 당부

할 때, 손님들 — 특히 여성을 권위 있는 인물로 인정하지 않으려는 사람이나 여성이 천부적으로 더 양육적이라고 가정하는 사람들(Hochschild 1983: 174) — 은 더 마음대로 짜증을 내거나 저항하고 싶은 기분을 느끼기도 한다. 웨이트리스나 여성 접객원은 동일 직업의 남성에 비해 고객으로부터의 원치 않는 성적 접근이나 희롱을 공손하게 받아넘겨야 할 필요가 있을 가능성이 더 많다. 아니면 학생들은 여자 선생님이 남자 선생님보다 동정적이고 따뜻할 것이라고 기대하기도 한다(Bellas 1999).

고객 외에 동료와 고용주 또한 여성 피고용자에게 동일한 지위에 있는 남성 피고용자보다 더 친절하고 상냥할 것을 기대하기도 한다. 짜증나게 하는 고객에 대한 감정을 풀어야 하는 동료, 또는 현관에서 대화하는 동안 함박웃음 짓는 것을 보거나 양육하는 방식의 목소리 톤을 듣고 싶어 하는 상관은 여성 직원에게 더 높은 기대를 가지기도 한다(이를테면 Pierce 1999를 보라).

여성 고용의 젠더화된 성격은 여성이 가정에서 수행하는 부불노동을 반영한다. 대부분의 미국 가정에서 여성들은 '친족 노동'의 많은 부분 — 아이 양육, 연로한 부모 봉양, 그리고 심지어는 저녁식사에서의 대화 조정 — 을 수행하는 경향이 있다(Devault 1991; Sarkisian and Gerstel 2012). 이렇듯 직장에서의 감정노동의 불평등한 배분은 가정에서의 불평등한 돌봄노동에 의해 더욱 악화되기도 한다. 두 환경 모두에서 여성은 인정받지 못하고 보상받지도 못하는 일련의 소모적인 서비스를 수행할 수 있다.

인종

젠더는 일부 노동자가 다른 노동자에 비해 더 많은 감정노동을 수행하게 만드는 요인의 하나이다. 인종은 또 다른 요인이다. 민권운동 이후 진전되었음에도 불구하고, 인종과 민족성에 관한 가정들은 여전히 미국인의 인식과 행동을 틀 짓고 있다(Feagin 2010). 따라서 인종은 고객, 동료, 고용주와 상호작용할 때 노동자들이 수행해야만 하는 감정관리의 양과 종류에 유의미하게 영향을 미칠 가능성이 있어 보인다.

윙필드(Wingfield 2010)에 따르면, 적어도 두 가지 방식이 감정노동을 중립적이기보다 인종화되게 만들 수 있다. 첫째, **노동자들은 때때로 서로 다른 감정적 기준을 적용받기도 한다**. 이를테면 백인 노동자는 작업장에서 욕구불만 표출을 금지하는 규범에 대해 너그럽게 예외를 인정받기도 하는 반면, 다른 피고용인은 '화난 흑인 남자'로 간주되기도 한다. 동일한 감정표출이 다른 방식으로 해석될 수도 있다. 첫 번째 사례에서 노동자의 화는 그가 진짜 불만에 대응하고 있다거나 열정, 성실, 확신의 혼합물을 드러내는 표시로 인식될 수도 있지만, 두 번째 사례에서는 노동자의 화가 부적절하고 겁나고 직업규칙에 어긋나는 것으로 인식될 수 있다.

어떤 상황에서는 감정노동을 지배하는 규범이 보다 공평하게 적용되기도 한다. 하지만 그것이 평등을 보장하지는 않는다. 왜냐하면 **인종적 편견이 일부 노동자로 하여금 다른 노동자에 비해 훨씬 더 불리하게 규범에 순응하게 만들기도 하기** 때문이다(Wingfield 2010). 사회 전반에서 인종차별을 겪는 흑인 여성 노동자(이를테면 상점에서 쇼핑하는 동안 경비 담당자가 가까이서 따라다니는)를 머릿속에 그려보라. 다음으로 동일한 노동자가 작업장에서 인종적 공격행동(이를테면 "점심으로 소울푸드를 먹은 것"에 대해 모욕적인 코멘트를 하는 경우)에 노출되어 있다고 상상하라. 유색 인종 노동자는 백인 노동자보다 "화를 참고 즐겁게 일하자"라는 규범에 더욱 도전적으로 순응하고 있음을 발견할 수 있다.

모든 노동자가 자신의 삶에서 스트레스 요인들에 직면하는 것은 사실이다. 하지만 인종차별주의는 특히 타격을 줄 가능성이 커 보인다. 당신이 웨이터나 승무원으로 일하는 유색 인종의 사람이라고 상상해보라. 만약 어떤 고객이 교묘하게 (그리고 그렇게 교묘하지는 않게) 당신을 홀대한다면, 당신은 짜증을 억누르고 고객을 행복하게 하기 위해 더욱 노력을 기울일 필요가 있을 것이다. 이를테면 백인 승객은 때때로 아프리카계 미국인 승무원이 음료수를 제공하는 것을 거부한다. 그러한 노골적인 편견은 이동하는 오랜 시간 동안 부정적 감정을 열심히 억누를 필요가 있는 승무원에게서 격한 감정을 유발할 수 있다(Evans 2013). 대학교수와 조종사 같은 고위 직업에서도 마찬가지이다. 할로(Harlow 2003)는 흑인 교수가 학생들이 자신들의 권위에 의문을 제기하고 수업시간에 무례하게 행동한다고 보고할 가능성이 백인 교수보다 훨씬 더 크다는 것을 발견했다. 다음으로 에반스(Evans 2013)는 (단지 피부 색깔 때문에) 승객들에 의해 차별당하는 조종사와 아프리카계 미국인이라는 이유로 비행기의 기장이 될 능력을 의심받는 동료들과 관련한 수많은 사례를 제공한다. 흑인 조종사는 터미널을 걸어가거나 비행기에 탈 때 당황, 의구심, 심지어는 혐오의 얼굴표정과 마주치기도 한다. 이러한 상호작용과 여타 차별적 상호작용으로 인해 그들은 백인 조종사들보다 훨씬 더 많은 감정노동을 수행하도록 강요당한다.[3]

지위

젠더와 인종은 부분적으로 보다 광범한 형태의 불평등 ― 지위 ― 으로 합체되기도 한다. 지위는 매우 모호한 개념이지만, 그것은 어떤 사람이 다른 사람들로부터 부여받는 '존경' 또는 '중요성'의 양과 밀접하게 연관되어 있다. 지위가 높은 사람들은 위세, 권력, 또는 부를 더 많이 가지는 경향이 있다. 여성과 유색 인종의 사람들은 그러한 특성을 덜 가지는 경향이 있지만, 다른 사람들도 마찬가지이다. 이를테면 둘 다 백인 남자라고 하더라도, 형사는 경찰국장보다 지위가 더 낮다. 유사하게 안젤리나 졸리 같은 유명인사는 대부분의 일반적인 백인 여성보다 지위가 더 높다.

지위가 중요한 이유는 그것이 감정노동에도 영향을 미치기 때문이다. 다시 말해 어떤 노동자는 다른 노동자에 비해 감정노동을 더 많이 요구받는다. 높은 지위에 있는 사람들은 조직의 보호물과 지위 보호물에 의해 거친 감정으로부터 보호받는 경향이 있다. **조직의 보호물**이란 고객이나 의뢰인과의 접촉을 제한하거나 걸러주는 장벽을 말한다. 이를테면 만약 달갑지 않은 상호작용이 접객원, 보조자, 또는 더 낮은 수준의 다른 피고용자에게 위임될 수 있다면, 그 사람의 감정노동은 축소될 수 있다(Goodrum and Stafford 2003을 보라). **지위 보호물**은 좀 더 감지하기 어렵다. 혹실드(Hochschild 1983: 172)는 보다 높은 지위에 있는 사람들의 생각과 감정이 좀 더 진지하게 받아들여지는 경향이 있다는 사실을 지칭하기 위해 이 용어를 만들어냈다. 만약 당신이 강력한 지위 보호물을 가지고 있다면, 사람들은 당신 주변에서 일을 할 때 좀 더 신중할 것이고, 당신이 말하고 느끼는 것에 대해 더 주의를 기울일 것이다. 그 결과 당신의 감정노동의 양과 강도는 축소된다.

병원의 환자와 그 친척들이 의사 — 간호사와 대비되는 지위로서의 — 와 어떻게 상호작용하는지를 머릿속에 그려보라. 간호사가 의사보다 더 자주 이의를 제기받거나 무례한 대우를 받을 가능성이 더 많다. 유사하게 부모들은 초등학교 교사와 상호작용할 때 대학 교수와 상호작용할 때보다 더 많이 짜증과 경멸감을 표출하기도 한다. 다음으로 교수는 학장이나 학과장에게보다 시간강사들에게 훨씬 덜 경의를 표시한다.[4] 아이러니하게도 때때로 고객들은 변화를 가져다줄 수 있는 권력을 가장 적게 가진 최저임금 노동자들에게 가장 상처를 입히는 말을 한다. 그런 반면 관리자가 등장하면 고객의 태도는 더욱 정중해지거나 차분해지기도 한다.

지위의 다양한 원천이 미묘하게 교차할 수도 있다. 이를테면 당신은 유색 인종의 여성 변호사와 그의 백인 남성 보조자 중 누가 더 강력한 지위 보호물을 가지는지를 알고 싶어 할 수도 있다. 손쉽게 답변할 수 없는 경우가 자주 있다. 그 결과는 노동자, 의뢰인, 구체적 상호작용, 조직, 더 큰 사회 등등의 다양한 속성에 달려 있을 수도 있다(Lively 2013).

(이 책의 다른 장들에서 했던 논의에서와 마찬가지로) 불평등에 대한 이러한 논의를 통해 내가 의도하는 바는 당신에게 암기할 사실을 제시하는 것이 아니다. 오히려 나는 당신이 사회학적 개념들을 이용하여 당신을 둘러싼 세계를 탐구하라고 권하고 싶다. **감정규범**이나 **감정관리**처럼, **지위 보호물** 개념도 그것이 당신 자신의 경험과 관찰을 이해하는 데 도움을 줄 수 있는지를 당신이 창의적으로 '시험'해볼 수 있는 하나의 관념이다.

감정노동은 노동자들을 해치는가?

노동자들이 철저한 감정노동을 수행할 것을 요구받을 때, 어떤 일이 발생할 수 있는가? 매시간, 매일, 매달, 매년 누군가가 생계의 일부로 감정을 '제조'한다면 어떤 부정적 결과가 발생할 수 있는가?

육체노동과 유추하여 살펴보자. 생계를 위해 무거운 물품을 들어 올리는 사람들(이를테면 건설 노동자, UPS의 선적 노동자)은 일부 신체적 이익을 누리기도 한다. 즉, 그들은 칼로리를 태우고, 근육을 만들고, 건강해지기도 한다. 하지만 그들은 또한 일시적 또는 영구적으로 부상을 입기도 한다. 유사하게 감정노동자들도 자신의 감정을 반복적으로 조작하는 것으로 인해 긍정적·부정적 결과가 산출될 수 있다. 그 결과는 얼마 가지 않기도 하고, 오래 지속되기도 한다.[5]

감정노동 수행의 잠재적 불이익

감정노동에 잠재하는 유해한 결과 가운데 하나는 **쇠진**burnout이다 (Hochschild 1983: 187). 빈번한 고객 접촉이 요구되는 일자리에서 자신의 감정을 철저하게 반복해서 관리해야만 하는 노동자를 상상해보라. 잇따른 장기간의 힘든 교대근무 후에(아마도 휴가 시즌 동안 승무원으로, 인기 있는 레스토랑에서 호스티스로, 학대 질환이나 정신 질환의 카운슬러로 일한 후에), 그녀는 '무감각'해질 정도로 녹초가 되었을 수도 있다. 그러한 노동자는 가족이 있는 집에 도착했을 때 무언가를 느끼고 싶은 욕망이나 능력을 가지고 있지 못할 수도 있다. 쾌활함이나 회사가 명령한 다른 감정을 꾸며내고 만들어내는 일은 "감정적으로 죽어 있는 시간"으로 이어지기도 한다(Hochschild 1983: 187). 이러한 상태는 일로 인해 녹초가 되고 쑤신 몸을 정말 쉬게 하고 싶은 육체노동자와 얼마간 유사해 보인다. 하지만 감정노동의 경우에 휴식을 필요로 하는 '기관'은 느끼는 능력 — 작업장 안팎에서 누군가와의 관계를 조절하는 데 필수적인 능력 — 과 관련되어 있다.

감정노동으로부터 초래될 수 있는 두 번째 부정적인 결과는 **양가감정** 또는 **혼란**이다. 혹실드(Hochschild 1983)는 이것은 근무 중에 보다 '진정한' 감정을 표현하기 위해 인지적 심층 연기를 이용하도록 훈련받고 고무받는 노동자들에게 특히 하나의 위험이라고 주장한다. 이를테면 승무원들은 승객들을 밉살스러운 존재이기보다는 자신들이 '서툴게 대우하는' 것으로, 낯선 사람이기보다는 '묵어가는 손님'으로 보라고 배우기도 한다. 또는 소매점 점원은 마치 "손님은 전혀 잘못이 없"는 것처럼 생각하고 행동하라고 사회화되기도 한다. 어떤 경우든 간에 노동자들은 그들 자신의 관점과 자신의 고용주의 관점 간의 충돌로 고심하기도 한다. "내가 지금처럼 생각하고 행동하고 느끼는 것은 회사가 원하기 때문인가, 아니면 그게 바로 나이기 때문인가?" 고용주가 감정표현뿐만 아니라 보다 심층적인 감정경험에 간섭할 때, 노동자들은 자신들의 '일자리 자아'와 '진정한 자아' 간의 차이를 확인하고 화해시키려고 노력하기도 한다(Hochschild 1983: 196~198).

유사하게 의사들도 자신이 의과대학에 다니기 이전의 관점과 그 이후의 관점을 화해시키는 힘든 일에 마주치기도 한다(Smith and Kleinman 1989). 어린 시절 동안 우리 대부분은 몸의 특정 부분을 특별하거나 신성한 것으로 생각하도록 사회화된다. 하지만 의료 수련과정 동안 학생들은 인간의 몸을 과학적·기계적 용어로 재정의하는 것을 배운다. 생식기와 인간 몸의 다른 부분들은 과학적 이름을 부여받고, 그것들의 최소 구성부분들로 세분되고, 그것들의 내부 작용과 해부학적 관계들을 통해 이해된다. 의사들은 근무 중에 원치 않는 감정 — 이를테면 혐오, 긴장감, 또는 성적 끌림 — 을 억누르기 위해 과학적 관점을 이용할 수 있다. 다른 한편 소중한 사람이 있는 집으로 돌아와서도 일부 학생은 과학적 관점으로 자신들의 연애 파트너를 바라보는 곤란을 겪기도 한다(Smith and Kleinman 1989: 65~66).

양가감정(또는 혼란)이 인지적 심층 연기로부터 초래되는 경향이 있지만, 표면 연기로부터 부정적 결과를 경험할 수도 있다. 이를테면 일부 노동자는 매일 열의를 가장할 것("우리 가게에 오신 것을 환영합니다!", "찾아주셔서 매우 감사합니다! 좋은 하루 되세요!")을 요구받을 때 부정직하다고 느끼기도 한다. 반복되는 표면 연기의 책무는 그들로 하여금 냉소적이 되게 하기도 한다(Hochschild 1983: 135을 보라). 그들은 시간이 지남에 따라 자신들의 직업, 심지어 자기 자신까지 부정적으로 보기도 한다. "이 일은 사기야. 게다가 나는 사람들을 우롱하고 돈을 받아." 자신이 부도덕하거나 비열한 직업에 종사하며 사기행각을 하고 있다고 생각될 때 그들은 분명 자존감과 정신건강에 해를 입을 수도 있다.

감정노동 수행의 잠재적 이익

어떤 경우에 육체노동은 건강, 힘, 또는 솜씨의 향상으로 이어지기도 한다. 유사하게 감정노동자들도 그들이 일자리 안과 밖에서 사용하는 능력이나 기술을 개발하기도 한다. 일부 개인은 일과 중에 감정을 관리하는 기술을 학습함으로써 '대인관계 기술'을 향상시키기도 한다

(Schweingruber and Berns 2005). 표면 연기와 심층 연기의 숙련도 향상은 사람들이 고객, 동료, 고용주뿐만 아니라 친구, 친척, 이웃, 교사와의 관계를 조절하는 데에도 도움을 줄 수 있다. 이를테면 친척들이 죽음과 섹슈얼리티에 관한 어려운 대화를 시작할 (또는 피할) 때, 의사와 간호사는 때때로 인간 몸에 대한 과학적 관점을 이용하는 것이 도움이 된다는 사실을 발견하기도 한다(Smith and Kleinman 1989).

아마도 틀림없이 감정노동은 사람들의 작업장을 보다 유쾌한 환경으로 만듦으로써 이익을 가져다주기도 할 것이다. 만약 누군가의 동료가 스스로에게서 그리고 다른 사람들에게서 적극적으로 긍정적인 태도를 불러일으킨다면, 그것은 당신이 동일한 일을 더 쉽게 할 수 있게 만들어주기도 한다. 손님에게 열의와 행복감을 표현할 (심지어는 환호와 함께 특별한 생일노래를 부를) 필요가 있는 웨이터를 상상해보라. 교대 근무 시간이 끝날 때쯤이면 어떤 노동자는 자신이 소진되었다고 느끼기도 하고, 좋기도 하고 싫기도 한 양가적 감정이 들기도 하고, 냉소적이 되기도 한다. 반면 어떤 노동자는 '기운이 솟고' 활력이 생긴다고 느끼기도 한다(Hallet 2003). 어떤 사람에게는 보다 많은 표면 연기와 심층 연기가 요구되는 시끄럽고 활기찬 교대가 조용한 교대보다 더 마음에 들 수도 있다.

다른 형태의 노동들처럼 감정노동도 분명 재미없거나 억압적이거나 소외를 유발할 수 있다. 다른 한편 감정노동은 잠재적으로 의미 있고 보람 있을 수도 있다(Lopez 2006; Rodriquez 2011). 카운슬러, 초등학교 교사, 간호사들은 자신의 일의 일부로서 반복되는 격심한 감정관리를 수행하기도 한다. 하지만 하루, 일 년, 또는 경력이 끝날 즈음에는 자신의 일로부터 결과한 온갖 좋은 일에 대해 자부심을 느끼기도 한다. 표면 연기와 심층 연기는 다른 사람과 자기 자신에게 성공적인 결과를 가져다줄 수도 있다. 반대의 경우를 상상해보라. "당신은 나를 귀찮게 하고 있어요"라고 환자에게 노골적으로 말하는 카운슬러나 간호사, 또는 "너는 버릇없이 아이야. 나는 너 같은 애를 정말 좋아하지 않아"라고 가끔 중얼거리는 교사를 말이다. 그러한 감정 '발산'은 그 노동자가 경험할 수도 있는 일시적인 카타르시스에도 불구하고, 궁극적으로 관련 당사자 모두에게 부정적인 결과를 낳을 것이다.

어떤 요인들이 감정노동을 덜 힘들게 만드는가?

감정노동은 기진맥진하거나 심신을 쇠약하게 만드는 것일 수도 있고, 즐겁고 보람 있는 일일 수도 있다. 많은 것이 고객의 행동에 달려 있다. 손님들은 노동자와 단지 덧없는 관계만을 맺을 수도 있고, 툭하면 원하는 만큼 싸울 수도 있다. 하지만 많은 것이 또한 노동자, 고용주, 직업 환경의 특성과 노력에 달려 있기도 하다. 젠더, 인종, 지위의 불평등 외에 어떤 종류의 요인들이 감정노동자들로 하여금 긍정적 또는 부정적 경험을 하게 하는가? 이 질문에는 가능한 답변이 많이 있다.

천성에 의한 것이든 아니면 양육에 의한 것이든 간에, 사람들의 퍼스낼리티는 그들에게 특정한 일자리와 더 큰 **친화성**을 가지게 하기도 한다(Hochschild 2013). 외향적인 사람은 내성적인 사람보다 식사 시중을 드는 긴 근무시간 내내 표면 연기와 심층 연기를 더 쉽게 하기도 한다. 어떤 사람은 여유 있고 쾌활하게 집을 파는 자질을 갖추고 있지만, 군대에서 훈련 교관으로 복무하는 데 요구되는 표면 연기와 심층 연기 능력은 덜 가지고 있기도 하다. 누군가에게 이미 존재하는 성향 — 타고난 것이든 아니면 교육받은 것이든 간에 ― 이 직업에 적응하고 그 직업에 요구되는 감정관리를 수행하는 것을 다소 어렵게 만들기도 한다(또한 Cahill 1999; Mesquita and Delvaux 2013을 보라).

친화성과 밀접하게 관련되어 있는 것 중의 하나가 사람들이 개인적으로 특정한 일자리에 투자하거나 헌신한다고 느끼는 정도이다(Tracy 2005). 때때로 노동자들은 자신의 직업을 목적을 달성하기 위한 일시적 수단으로 생각한다. 패스트푸드점에서의 직책은 학교에 다니거나 다른 일을 찾는 동안 임시방편의 소득 원천으로 고려되기도 한다. 다른 경우들에서 노동자들은 자신의 일자리를 보다 긍정적으로, 즉 '필요악'이라기보다는 오히려 소중한 기회로 해석한다. 어떤 직업은 그 자체로 아주 좋은 디딤돌로, 또는 매우 가치 있는 목적지로 인식되기도 한다. 이렇듯 직업에 대한 누군가의 태도가 감정노동을 수행하고 싶은 욕구를 증가시키기도 하고 감소시키기도 한다. 일에 대한 노동자의 소신이 낮을수록, 감정관리를 부담스러운 것으로 경험할 가능성이 크다.

우리의 직업에 대한 우리의 소신이 물론 마음대로 만들어지는 것은 아니다. 우리는 사회화를 통해 특정 직업에 긍정적·부정적 의미를 가지도록 배운다. 소방관은 특히 9·11 테러 이후 영웅적인 직책으로 정의되었다(Monahan 2010). 다른 직업 ― 이를테면 교도관과 쓰레기 수거인 ― 은 똑같이 가치 있는 서비스를 제공하지만 존경받지 못한다. 누군가가 개인적으로나 사회적으로 추앙받는 직업에 종사할 때 감정관리를 수행하기가 더 쉬울 수도 있다.

어떤 사람의 직업은 비록 보수가 매우 높지는 않지만 그는 그 직업으로부터 '도덕적 임금'을 받기도 한다. 어떤 사람은 감정노동의 대가로 자신을 어려움에 처한 사람들을 돕는, 배려심이 많고 온정적인 사람으로 바라보는 데서 비롯되는 긍정적 감정과 만족감을 얻기도 한다 (Kolb 2014b: 25). 어떤 직업은 "선행을 베푼다"는 인식이나 해석을 더 많이 수반한다. 피해자 대변자, 의사, 판매원 및 다른 많은 사람들은 이러한 방식으로 자신들의 직업을 (서로 다른 정도로) 정의하기도 한다. 그리고 이는 감정노동자들에게 활력소나 유인으로 작용한다(Kolb 2014b; Schweingruber and Berns 2005; Smith and Kleinman 1989). 이렇듯 직업이 가치 있는 정체성과 도덕적 목적의식을 많이 제공할수록, 사람들의 표면 연기와 심층 연기가 더 편안하게 (또는 적어도 일시적으로나마 참을 수 있을 만하게) 수행되기도 한다. 교수인 나로서는 어려운 상호작용(이를테면 학점을 놓고 말다툼하기)을 하면서 표면 연기와 심층 연기를 하는 것이 수영장 상점에서 고객들에게 서비스하는 지루한 여름 아르바이트를 하면서 그러한 연기를 했던 것보다 훨씬 쉽다. 나는 나의 학문 경력에 개인적으로 훨씬 더 많이 투자한다. 나의 현재 지위는 높은 사회적 존경을 받는다. 그리고 그것은 내가 "좋은 일을 하고" 있다고 아주 편하게 믿게 해준다.

손님이나 의뢰인의 지위 역시 감정노동의 어려움을 틀 짓는다. 대학생들은 상대적으로 존중받는다. 즉, 그들은 계속해서 지식을 쌓을 것이고 앞으로 재정적으로 나아질 것이고 사회의 생산적 성원이 될 것이라는 이유에서 응원을 받는다. 그들을 유죄선고를 받은 흉악범과 같은 낮은 지위의 의뢰인과 비교해보라. 어떤 교도관은 재소자들을 점잖게 그리고 존대해서 다루라는 교육을 받기도 한다. 하지만 부도덕한 야만인으로 규정된 사람들을 다룰 때는 그렇게 하기가 어려울 수 있다(Tracy 2005). 비록 교도관 자신은 그렇게 생각하지 않더라도 자신의 피보호자가 사회에 의해 낮은 존경을 받기 때문에, 교도관은 자신에게 요구되는 표면 연기와 심층 연기를 수행하는 데 더 많은 어려움을 겪을 수도 있다.

누군가의 직업이 성공한 것으로 인정받는 정도 또한 감정노동에 극적인 영향을 미치기도 한다(Tracy 2005). 만약 고객이 어떤 회사의 음식, 제품 또는 서비스에 거의 항상 감동한다면, 노동자들은 행복감을 열성적으로 표현해내기가 상대적으로 쉬울 것이다. 다른 한편 정반대의 경우 또한 발생하기도 한다. 때때로 노동자들은 자신의 손님이 음식을 좀처럼 좋아하지 않는다고, 자신의 학생이 열심히 배우지 않는다고, 그리고 자신의 승객이 대체로 늦게 도착하고서 불평한다고 느낄 수도 있다. 이러한 상황에서 감정관리는 쇠진, 양가감정, 또는 (특히) 냉소주의로 이어질 가능성이 더 클 것이다.

물론 고용주들이 감정노동의 부정적 결과를 줄이려는 조치를 취하기로 결심할 수도 있다. 첫 번째 중요한 조치가 감정노동의 존재를 솔직히 인정하는 것일 것이다. 어떤 노동자가 인지되지 않은 임무로 평가받거나 보상받을 것 같지는 않다. 고용주들은 감정노동의 수행을 잠시 멈출 수 있는 휴식시간을 제공하기도 한다. 즉, 피고용자들은 직원 라운지에서 감정을 '발산'하거나 불평하고 농담을 하거나 감정관리 전략을 교환할 것을 권고받기도 한다(Tracy 2005). 특히 의식 있는 고용주들은 피고용자와 권력을 공유하거나 피고용자에게 자율성과 유연성을 더 많이 부여하는 것을 고려하기도 한다(Ashkanasy and Daus 2002). 노동자들이 훈련받고 감시받고 평가받고 보상받는 방식과 같은, 자신들이 일하는 조건에 대해 더 많은 '발언권'이나 통제력을 가질 때, 감정노동의 부정적 결과는 극적으로 줄어들 수도 있을 것이다(Hochschild 1983: 187).

주

1   이 장에서 나는 감정노동을 꽤 폭넓게 정의했다. 독자들은 실제로 모든 개념이 그러하듯이(Harris 2014, ch. 3) '감정노동' 역시 서로 다른 많은 방식으로 개념화될 수 있다는 점에 유의할 필요가 있다. 이를테면 일부 학자들의 정의는 표면 연기보다는 심층 연기를 강조하거나 다른 직업에 비해 고객 서비스 일자리에 초점을 맞추고 있다(Grandey, Diefendorff and Rupp 2013, ch. 1을 보라).

2   개인적 사례를 하나 들어보자. 나는 UC 샌디에이고에 다니는 대학생이었을 때, 꽤의 리조트 노동자로 여름 일자리를 신청했다. 나의 인터뷰 중간쯤에 캠퍼스 모집자가 일부러 나를 모욕하고 내 이력서의 특정 사항과 관련하여 무례한 질문을 했다. 나중에 나는 그녀가 내가 무례하게 구는 손님과 맞닥뜨릴 때 어떻게 반응할지를 측정하려 했다는 사실을 알게 되었다.

3   이 주제에 관심이 있는 독자들은 Kang(2003)을 읽어보기 바란다. 그는 신체 관련 노동(이를테면 손톱 손질, 마사지)을 수행하는 데서 일어나는 인종, 계급, 젠더, 감정규칙의 상호작용을 검토한다.

4   학계의 감정동학을 철저하게 고찰한 연구로는 Bloch(2012)를 보라.

5   이 주제를 다룬 학술문헌들을 보다 엄격하게 검토하고 있는 글로는 Wharton(2009)을 보라.

연습문제

1. 당신이 현재의 일터에서 수행하고 있는 (또는 미래의 일터에서 수행할 것으로 예상되는) 감정노동에 대해 기술하라. 어떤 종류의 긍정적·부정적 감정이 당신의 직업에 의해 산출되는 경향이 있는가? 어떤 감정규범이 당신의 행동을 지배하는가? 당신은 당신의 고객, 동료, 그리고/또는 고용주뿐만 아니라 당신 자신의 감정을 관리하기 위해 어떤 종류의 표면 연기와 심층 연기 전략을 이용하는가? 그러한 작업이 당신에게 긍정적 결과를 가져다주는가, 아니면 부정적 결과를 가져다주는가? 어떠한 조건들이 당신에게 감정노동 수행의 부담을 증가시키거나 감소시키는가?

2. 당신이 앞으로 매우 가지고 싶어 하는 직업에서 현재 일하고 있는 사람을 적어도 한 명 찾아라. 그 사람에게 공손하게 '정보 인터뷰'를 요청하라. 그 또는 그녀의 일상 업무와 다른 사람들과의 상호작용에 관해 질문하라. 감정노동이라는 주제 쪽으로 대화를 유도하라. 그 사람이 자신의 감정과 고객, 동료, 또는 고용주의 감정을 관리하기 위해 어떤

종류의 표면 연기와 심층 연기를 수행할 필요가 있는지를 찾아내려고 노력하라. 당신은 이 연습문제에 착수하기에 앞서 인터뷰 질문의 목록을 당신의 선생에게 제출하여 그 또는 그녀의 승낙을 받아야만 한다.

3. 내가 이 장의 '훈련' 절에서 열거한 고객 서비스 슬로건들을 구글로 검색하라. 특정 회사가 만든 문건에서 그 슬로건들을 찾아보라. 그리고 고용주들이 피고용자들을 자신이 좋아하는 심층 연기 전략과 감정으로 인도하기 위해 사용하는 또 다른 슬로건들(그리고 다른 전술들)을 찾아보라.

4. 나는 이 장의 마지막 절에서 감정노동이 무거운 짐이 되거나 해를 끼치는 정도에 영향을 미치는 몇 가지 요인에 대해 기술했다. 당신의 개인적 경험, 다른 사람들에 대한 당신의 관찰, 또는 더 읽을거리에 제시된 자료들에 대한 당신의 독서에 기초하여 그 리스트에 추가할 수 있는 중요한 여타 요인들을 머리에 떠올려보라.

››› 더 읽을거리

감정노동과 관련해서는 매력적인 사례연구들을 많이 찾아볼 수 있다. 그 다양한 직업 중 몇 가지만 거론하면, 카지노 카드 딜러(Sallaz 2002), 피해자 대변인와 카운슬러(Kolb 2011), 형사(Stenross and Kleinman 1989), 스트립 댄서(Deshotels and Forsyth 2006), 소방관(Scott and Myers 2005), 보험 판매원(Leidner 1993, ch. 4), 소송자와 변호사 보조원(Pierce 1995), 모델(Mears and Finley 2005), 교도관(Tracy 2005), 강 안내원(Holyfield and Jonas 2003), 낙태 클리닉과 동물 보호소 직원(Arluke 1998; Wolkomir and Powers 2007) 등을 들 수 있다. 독자들은 www.scholar.google.com이나 데이터베이스 *Sociological Abstracts*(많은 대학 도서관에서 이용할 수 있다)에 들어가서 [여기서 제시한 직업 유형을 써 넣으면] 관심에 부합하는 여러 연구들을 발견할 수 있을 것이다. 실제로 감정노동에 관한 모든 연구는 혹실드(Hochschild 1983)의 승무원과 추심원에 관한 연구에 의해 고무되거나 적어도 영향을 받았다. 따라서 그녀의 책도 물론 하나의 가치 있는 자원이다.

이 분야를 유용하게 개관하고 있는 글들이 단행본의 개별 장이나 논문 형태로 많이 집필되었지만(Lively 2006; Meanwell, Wolfe and Hallet 2008; Wharton 2009), 가장 최근의 논의까지를 치밀하게 검토하고 있는 것은 아래의 편집서이다.

Grandey, A. A., J. M. Diefendorff and D. E. Rupp. (editors). 2013. *Emotional Labor in the 21st Century: Diverse Perspectives on Emotion Regulation at Work.* New York: Routledge.

06

감정 확인하기

"How do you feel?"(기분/몸 상태 어떠세요?) 우리는 아주 다양한 상황에서 이 평범한 질문을 한다. 때때로 'feel'은 (친구가 우리에게 독감에서 회복되고 있는지를 물을 때처럼) 누군가의 건강 상태를 가리킨다. 다른 경우 사람들은 우리의 감정 상태를 묻기 위해 이 질문을 던지기도 한다. 행복해? 마음 상했어? 사랑에 빠졌어? 화났어? 우리는 이러한 상황에서 답변할 때마다 감정을 분류하는 과정 — 이 장의 주제 — 에 참여한다.

엄격한 생물학적 관점에서 볼 때는, 우리가 우리의 감정을 칭하는 방식은 별 차이를 만들어내지 않는다. 만약 숲속을 하이킹하다가 우연히 곰을 만난다면, 우리는 동공이 확장되고 심박동수가 빨라지고 아드레날린이 증가하는 것을 경험할 가능성이 크다. 우리는 '두려워한다'. 우리가 그 감정에 대해 생각하고 말하기 위해 공포라는 용어를 사용하는지와 무관하게 우리는 생리학적으로 '공포'를 경험한다. 이와 같은 사례들은 감정을 환경 자극에 대한 유전적으로 고정된 반응으로 묘사하기 위해 사용될 수 있다.

하지만 사회학적 관점에서는 우리가 사건을 경험하는 동안과 그 이후 모두에서 우리가 감정을 분류하는지 그리고 어떻게 분류하는지가 매우 중요하다. "나 지금 아주 무서워!"라고 생각하는 것은 자신의 공포를 증폭시킬 수 있지만, 자신에게 "괜찮아 ― 침착해, 그리고 뛰지 마"라고 말하는 것은 심층 연기의 한 형태로 감정을 억누르는 데 도움을 줄 수 있다. 게다가 극적으로 곰을 만난 이야기는 다른 사람들과의 대화에서 서로 다른 형태로 수도 없이 들었을 것이다. 그러한 상황에서 화자가 자신을 '몹시 겁이 난' 것으로 묘사하는가, 아니면 '조금 겁먹은' 것으로 묘사하는가, 아니면 '전혀 겁먹지 않은' 것으로 묘사하는가는 중요한 차이를 만들어낼 수 있다. 맥락에 따라 어떤 묘사는 유머 있거나 용감한 것으로 생각되기도 하고 어리석은 것으로 생각되기도 한다. 그리고 이는 다른 사람들이 우리에 대해 어떻게 생각하고 행동할지를 틀 짓기도 한다.

감정의 분류와 관련된 사회적 과정을 검토하기에 앞서, 감정의 생리학에 좀 더 주목해보기로 하자. 우리 신체 감각의 불명료함을 좀 더 많이 인정하는 것은 우리가 계속해서 문화적·해석적·상호작용적 과정으로서의 감정 확인을 논의할 수 있는 공간을 만들어준다.

신체 감각의 불명료함

모든 사람이 자기 자신의 몸과 감정에 대한 '전문가'라는 주장은 당연해 보이기도 한다. 어쨌든 우리는 매일 우리의 신체적 자아 속에서 신체적 자아와 **함께** 산다. 따라서 상식적 관점에서 볼 때, 감정을 확인하는 것은 단순한 문제인 것처럼 보이기도 한다. 당신은 "나는 내가 질투할 때, 화가 날 때, 슬플 때를 안다"고 생각할 것이다. 우리의 감정을 분류하는 것이 대체 뭐가 어렵다는 말인가? 하지만 당신이 좀 더 주의 깊게 이 주제에 대해 생각해본다면, 아마도 당신은 당신의 감정에 이름을 붙이는 일이 당신이 생각했던 것보다 복잡하고 미묘하고 대단히 흥미롭다는 사실을 발견할 것이다. 당신이 감정을 확인할 때 신체 감각에 의존하는 것이 어려울 수 있는 네 가지 이유를 검토하는 데서 시작해보기로 하자.[1]

앞서 나는 심박동수와 아드레날린의 증가를 공포의 지표로 묘사했다. 그것은 합당해 보인다. 하지만 문제는 그러한 감각이 즐거운 흥분(이를테면 "뭐야 — 너 복권 당첨됐어!")이나 화("어떤 얼간이가 내 차를 긁어놨어?") 같은 다양한 감정과 연계지어지기도 한다는 것이다. 따라서 감정을 확인하기가 어려울 수 있는 첫 번째 이유는 상이한 감정이 유사한 생물학적 표현으로 나타날 수 있기 때문이다.

감정을 수반하는 감각들은 뚜렷하지도 쉽게 구별되지도 않는다 (Rosenberg 1990; Schachter and Singer 1962). 만약 우리의 몸이 우리의 감정에 대한 분명한 정보를 제공한다면, 감정을 확인하는 일은 보다 단순한 문제일 수 있다. 하지만 그것은 사실이 아니다. 개인들은 자신의 반응이 지닌 의미를 해석할 필요가 있다. 이를테면 우는 것은 행복이나 공포의 신호일 수도 있고, 슬픔에 기초한 여타 감정의 신호일 수도 있다.[2] 나는 내가 8살 때 처음으로 복싱을 경험 삼아 잠깐 해보았을 때 울었던 일을 기억한다. 이웃 친구가 나를 초대하여 그의 부모의 차고에서 복싱을 시험 삼아 해보게 했다. 우리의 우연한 스파링은 격해졌고 결국 나는 1분도 안 돼서 얼굴을 맞고 울음을 터트렸다. 나의 친구가 나에게 "무슨 일이야?"라고 물었을 때, 나는 마땅한 답을 가지고 있지 않았다. 내가 엄청난 고통을 느낀 것도 아니었고, 슬펐던 것도 아니었다. 내가 할 수 있는 말이라고는 "나는 복싱을 좋아하는 것 같지 않아!"였다.

사람들은 매일 자신의 몸과 함께 살지만, 그들은 일부 연구자처럼 생리학을 체계적으로 연구하지 않는다. 따라서 당신은 이러한 의구심을 가질 수도 있다. 과학자들은 서로 다른 감정을 특정한 생리학적 표현과 연계시킬 수 있을까? 심리학자들은 그것이 불가능한 과업이라는 것을 발견했다(Barrett 2006). 실제로 실험실에서 복잡한 것은 일상생활에서 일반인들에게는 훨씬 더 복잡할 수 있다. 바쁜 나날을 살아가면서 우리는 솔직히 우리가 느끼는 것을 무심코 드러내는 신호를 찾기 위해 우리의 몸에 주의를 기울이지 않는다.

감정을 확인하는 것이 어려울 수 있는 두 번째 이유는 감정이 하나씩 차례로 오지 않기도 하기 때문이다. 많은 경우에 우리는 복수의 감정을 동시에 경험한다(Rosenberg 1990). 이를테면 롤러코스터를 탈 때 우리는 즐거운 흥분과 함께 공포를 느끼기도 한다. (그리고 만약 당신이 나의 배우자와 같다면, 당신은 당신에게 그것을 타라고 설득한 사람에 대한 얼마간의 짜증도 함께 느낄 것이다.) 유사하게 공포 영화에서도 관객들은 즐기면서 무서움을 느끼기도 한다.

아니면 친숙한 사례 하나를 살펴보자. 부모가 사망할 경우, 기대되는 감정은 슬픔일 것이다. 하지만 망자가 수년 동안 치매로 고통 받아왔다면, 유족들은 슬픔과 동시에 안도감(뿐만 아니라 그 안도감에 대한 죄책감)을 느끼기도 한다(Holstein and Gubrium 1995: 35). 또는 만약에 부모가 비교적 통상적인 의료시술을 받다가 사망했다면, 누군가의 슬픔은 병원 직원에 대해 느끼는 화로 인해 복잡해질 수도 있다.

마찬가지로 약혼자가 바람을 피운다는 사실을 알게 되면 화, 당혹감, 배신감, 실망의 감정이 산출될 수 있다. 그러한 감정들 각각과 관련된 별개의 생리적 감각이 존재했다고 하더라도(이것은 실제로 하나의 큰 가정이다), 그 감각들은 함께 뒤섞여 있어서 풀기가 어렵다.

감정을 확인하는 것이 어려울 수 있는 세 번째 이유는 인간이 감정을 특정할 수 있는 정확한 체계를 가지고 있지 않기 때문이다(Rosenberg 1990). 우리는 설탕을 티스푼, 테이블스푼, 컵으로 배분할 수 있지만, 우리가 경험하거나 표현하는 행복감과 사랑을 측정하기 위한 유사한 체계는 전혀 존재하지 않는다. 한때 '무드 링mood ring'[끼고 있는 사람의 마음의 움직임에 따라 색이 변한다는 반지 ― 옮긴이]이 유행했지만, 우리가 얼마나 화가 났는지를 분명하게 보여주는 감정 온도계는 가지고 있지 않다. 많은 일상적 상황에서 사람들은 자신(또는 자신의 동료들)이 자부심, 사랑, 또는 분노로 '가득 차' 있다고 주장한다. 어떤 사람들은 "식어버린 사랑out of love"[3]과 같은 소진된 감정에 대해 노래한다(밴드 에어 서플라이Air Supply나 힙합 아티스트 섀드Shad를 구글로 검색해보라). 이러한 관념 ― 우리가 감정으로 '가득 차다'나 우리의 감정이 '바닥나다'와 같은 관념 ― 은 자동차의 가솔린 계기판 이미지를 상기시킬 수 있다. 하지만 우리의 자동차와 달리 우리는 우리가 어떤 감정을 얼마나 많이 가지고 있는지를 우리에게 말해주는 계기판 장치를 갖추고 있지 않다. 우리는 엔진의 오일 수준을 체크하는 것처럼, 우리가 얼마나 많은 화를 축적하고 있는지를 측정하는 계량봉을 우리 몸에 삽입할 수도 없다.

사람들은 "넘겨짚기"도 하고, 불확실한 신체 신호를 최대한 이용하기도 한다. 이를테면 우리는 "얼굴이 붉어진" 사람에게 화난 것처럼 보인다고 말하기도 한다. 하지만 우리는 화난 감정을 쉽게 입증할 수 없다. 그들은 그 이름표를 거부하기로 마음먹고 그 대신에 좌절, 격분, 또는 격정을 느낀다고 주장할 수도 있다. 아마도 과학자들은 얼굴표정을 체계적으로 고찰함으로써 우리가 느끼는 것의 진실을 측정할 수 있는, 누구나 이용할 수 있는 시스템을 언젠가 개발할지도 모른다. 그러나 오늘날 일상생활에는 논쟁을 결정적으로 해결할 수 있는 어떤 단순한 장치도 존재하지 않는다. 오히려 우리 자신과 다른 사람들에게 감정 이름표를 할당할 때, 우리는 우리의 생리현상과 행동을 해석해야만 한다.

신체 감각의 불명료함이 감정 확인을 어렵게 하는 네 번째 이유는 쉽게 진술될 수 있다. 그것은 일부 감정은 별다른 생리적 각성을 동반하지 않기 때문이다. 모든 감정이 패닉, 격분, 또는 도취만큼 강력하게 느껴지는 것은 아니다. 우리가 칭찬, 애정, 만족, 감사, 희망, 또는 자부심을 경험할 때, 우리의 몸에서는 아주 큰 "일이 일어나지" 않을 수도 있다(Averill 1974: 176; Harré 1992). 재차 말하지만, 우리의 몸이 항상 우리가 느끼고 있는 것을 우리에게 솔직하게 말해줄 것이라고 볼 수는 없다. 왜냐하면 일부 감정은 다른 감정보다 쉽게 '감지'되거나 '인지'되기도 하기 때문이다. 이것은 또한 우리가 감정의 확인을 검토하면서 생리현상에서 벗어나 사회적 요인으로 나아가는 또 다른 이유이기도 하다.

감정 확인을 인도하는 사회적 요인들

생리적 불명료함을 강조하는 것에서 감정 확인에 대한 논의를 시작하는 것이 유용한 까닭은 그것이 감정을 확인하는 데에는 우리의 몸과 신속하게 협의하는 것 이상의 과정이 틀림없이 존재한다는 것을 보여주기 때문이다. 다시 말해 생리적인 논의에는 문제가 있다. 내가 앞서 이 주제를 논의했으니, 우리의 몸이 항상 감정을 분류하는 과정에서 중심적이라고 가정하지는 **말자**. 그와는 정반대이다. 많은 경우에 몸은 감정의 확인에서 훨씬 더 적은 역할을 수행한다(Pollak and Thoits 1989: 25). 많은 사회적 요소들이 감정 분류 과정에 훨씬 더 큰 영향을 미치는 것으로 보인다. 그중 일곱 가지를 검토해보기로 하자.

감정 어휘

우리가 감정을 표현하는 개별 단어들 — 질투, 사랑, 패닉, 수치심 — 을 가지고 있기 때문에, 사람들은 자주 그러한 용어들이 분명한 실체를 지칭한다고 가정한다. 우리는 우리의 범주들이 사물을 이해하고자 하는 시도 속에서 사람들이 만들어낸 도구일 뿐이라는 사실을 망각한다. 언어는 인간의 인위적인 창조물이라는 점을 상기할 필요가 있다.

교차 문화 비교는 우리가 언어의 자의성을 인식하는 데 도움을 줄 수 있다. 감정에 관한 한, 모든 문화가 동일한 개념적 자원을 발전시켜온 것은 아니다. 우리는 이를 서로 다른 언어들이 가지고 있는 감정 용어의 수에서 찾아볼 수 있다. 이를테면 일부 학자는 추옹Chewong인들(동남아시아의 소수집단)은 단지 8개의 감정 단어만 사용하는 반면, 타이완 사람들은 700개 이상의 감정 단어를 사용한다고 추정한다(Clark 2002: 166; Heelas 1986: 238). 월리스와 카슨(Wallace and Carson 1973: 5)은 『웹스터 신대학생용 사전Webster's New Collegiate Dictionary』과 『미국 속어 사전Dictionary of American Slang』을 통해 검색하여, 영어로 된 감정 용어를 2000 개 넘게 발견했다. (하지만 '감정 단어'로 간주되는 것을 규정하고 그 단어 의 사례를 수집하는 완벽한 방법은 존재하지 않는다는 것에 유념하라.)

단어를 한 언어에서 다른 언어로 번역하는 것은 'amor'를 'love'로 번 역하는 것처럼, 때때로 상대적으로 쉬워 보이기도 한다. 하지만 다른 경우에는 번역은 좀 더 많은 노력을 필요로 한다. 이를테면 독일 사람 들은 남의 불행에서 즐거움을 느끼는 것을 지칭하는 'Schadenfreude' 라는 용어를 이해할 준비가 되어 있다. 미크로네시아 산호섬에 사는 이 팔루크Ifaluk인들은 사랑, 동정심, 슬픔의 복잡한 혼합물을 표현하기 위 해 'fago'라는 용어를 사용한다(Lutz 1988). 일본인들은 'amae'라는 말로 "누군가가 다른 사람에게 완전히 의지하여 행복해하는 긍정적 감정"을 표현한다(Clark 2002: 166; 또한 Goddard 2002를 보라). 아마도 이 세 개 의 편리한 선택지가 영어에는 분명히 존재하지 않을 것이다.

우리가 어떤 용어를 완전히 결여하고 있지는 않더라도 적어도 보다 조야한 수단들로 대충 표현해야 하는 경우도 있을 것이다. 이를테면 이 팔루크인들은 두 가지 유형의 역겨움disgust — 도덕적 역겨움과 물리적 역 겨움 — 을 구별한다. 이와 대조적으로 영어권 화자들은 동일한 단어로 두 가지의 상황을 표현한다. 즉, 우리는 비열한 행동에 대한 우리의 반 응과 썩은 우유 냄새에 대한 우리의 반응을 '역겨움'으로 기술한다. 아 마도 틀림없이 이 경우에는 영어의 어휘가 더 조야하거나 덜 구체적일 것이다. 다른 영역에서는 영어가 더 엄밀하다. 이를테면 미국인들은 보 통 당혹감, 수치심, 죄책감, 수줍음을 구별하지만, 자바 사람들[4]은 하나 의 단어('isin')로 그러한 감정들 모두를 지칭한다(Russell 1991). 일부 아 프리카 언어들은 슬픔과 화를 하나의 단어를 사용하여 묘사하고, (필리

편의) 일롱옷Illongot 사람들은 화와 시기심을 하나의 단어로 표현한다 (Heelas 1986: 240). 이렇듯 개인은 자신의 감정을 확인할 때 자신들의 특별한 문화가 우연히 제공한 개념적 자원을 이용하여 그렇게 한다.

감정 어휘들은 문화마다 다를 뿐만 아니라 역사적으로도 다르다. 나의 짧은 생애 내에서조차 나는 세 가지 감정 범주가 발생하는 것을 보았다. 내 생의 첫 20년 동안(1970년대와 1980년대) 나는 누군가가 운전자의 행위를 이해하기 위해 **로드 레이지**road rage라는 개념을 사용한다는 이야기를 들었던 것 같지 않다. 나의 친구들은 이별, 죽음, 또는 학기가 끝난 후에 **끝내기**closure를 느낄 필요성에 대해 이야기하지 않았다. 그리고 어느 누구도 육욕이란 성적 매력의 감정을 나타내기 위해 **슈윙**schwing 이라고 소리치지 않았다. 이 개념들은 모두 1990년대에 대중화되었다.[5] 하지만 새로운 감정 범주가 만들어진다고 해서 꼭 그것이 번성하지는 않는다. 슈윙이라는 말의 사용은 이미 극적으로 감소해온 것으로 보인다. 그리고 멜랑콜리melancholy[이 말은 검은색을 가리키는 그리스어 '멜란melan'과 담즙을 뜻하는 '콜레chole'에서 유래한 것으로, 우울증이 '검은 담즙'으로 인해 발생한다고 생각한 데서 비롯되었다 — 옮긴이]라는 말이 중세시대에는 지배적이었지만, 지금 그것을 인정하는 사람은 거의 없다(Harré and Finlay-Jones 1986). 어떤 감정은 실제로 사멸한다. 이것은 **애시디**accidie — 한때 현저했던 감정으로, "권태, 실의, 또는 심지어 종교적 의무의 이행에 대한 싫증"의 감정을 뜻한다(Harré and Finlay-Jones 1986: 221) — 에서도 발생한 것으로 보인다.

'감정'이라는 단어조차도 생긴 지 약 500년밖에 되지 않았는데, 이 단어는 움직이다, 이동하다, 이전하다를 의미하는 라틴어 동사 'movere' 에서 파생되었다(Averill 1974; Franks 1994). motion이라는 단어는 감정

emotion이라는 개념에 정확히 내장되어 있으며, 그것의 미천한 어원학적 기원을 보여준다.

인터넷의 발명과 함께 감정 확인은 이메일 보내기, 문자 보내기, 트위터 하기에 스며든 관습에 의해서도 틀 지어져왔다. 나는 나 자신을 말로 기술하기보다 이모티콘(이를테면 ☺ 또는 ☹)이나 약어('lmao')를 재빨리 선택해 표현하기도 한다. 그러한 기술주도적인 상징의 창조와 확산은 아마도 틀림없이 (일부) 사람에게는 자신의 감정을 묘사하기 위한 선택지에서 또 다른 역사적 발전일 것이다(Derks et al. 2008; Stanton 2014).

은유

사람들이 자신들의 감정을 묘사하기 위해 사용하는 어휘들은 아주 창조적일 수 있다. 사람들은 "나 화났어"라고 말하는 대신에 자신을 연기난다fuming, 끓는다smoldering, 또는 벌겋게 달아오른다red hot라고 묘사하기도 한다. 이러한 묘사는 모두 화를 불에 비유하는 은유이다. 만약 우리가 몸을 용기容器에 비유한다면, 우리는 또한 아래와 같은 표현들을 추가할 수 있다.

- 당신은 나의 피를 끓게 만들고 있어.
- 열 좀 식혀.
- 난 증기를 내뿜을 필요가 있어.
- 개스킷 터뜨리지 마.
- 나 뚜껑 열렸어.
- 나 귀에서 연기 나.

• 나 폭발할 것 같아.(Kövecses 2000: 148)

사람들은 사회화한 은유적 표현을 이용하여 감정을 묘사한다. 나는 미국인 독자들이 자신의 친구, 가족, 동료들의 언어적 선호에 따라 이러한 은유들 모두는 아니지만 일부를 사용했을 것이라고 확신한다. 물론 다른 문화 속에서 양육된 개인들은 전혀 다른 감정 은유를 사용하도록 권고받을 수도 있다. 일본인들은 빈번히 화를 배腹에 위치시킨다. 줄루 Zulu인들은 "증기를 내뿜는다"는 표현을 가지고 있지 않지만, "강풍이 분다"라는 말을 사용한다(Kövecses 2000: 170~171).

나는 독자들에게 서로 다른 문화들이 감정을 묘사하기 위해 은유를 사용하는 방식에 어떤 일관성도 존재하지 않는다는 인상을 주고 싶지는 않다. 서로 다른 문화에서 중첩되는 유형이 발견되기도 한다(또한 Wierzbicka 1999를 보라). 그러한 은유 형태들은 인간의 생리작용이나 반복되는 환경 패턴과 결부되기도 하고 다양한 문화가 공유하는 여타 요인과 결부되기도 한다. 특정 경향은 다른 경향보다 일부 묘사를 더욱 가능하게 하기도 한다. 이를테면 화는 체온의 상승과 동시에 발생하는 경향이 있다. 그리고 이것은 아마도 부분적으로는 감정에 대한 열 은유가 왜 영어, 일본어, 헝가리어, 중국어와 같은 다양한 언어에서 발견되는지를 설명해줄 것이다(Kövecses 2000: 158). 유사하게 육욕의 경험은 배고픔의 경험과 일부 행태적 유사성을 공유한다. 사람들은 다음과 같이 직설적으로 표현하기도 한다.

• 배고픔을 느끼고 먹을 것을 찾아 먹고 만족감을 느낀다.
• 성적 흥분을 느끼고 섹스 파트너를 찾아 먹고 만족감을 느낀다.

이러한 느슨한 유사성을 전제할 때, 서로 다른 문화가 자신들의 성적 '욕구'를 특징짓기 위해 음식 은유를 발전시켜왔다는 것은 아마도 놀랄 만한 일이 아닐 것이다. 영어 사용자들이 때때로 어떤 사람이 먹기에 아주 좋아 보인다고 말하는 것처럼, 차가_{Chagga}인[6]들은 파트너가 맛이 좋다고 말한다(Emanatian 1995). 하지만 여전히 차이도 발견된다. 차가 인들 사이에서는 오직 남성의 육욕만이 배고픔으로 특징지어지는 반면, 영어 사용자들에 의해서는 남성과 여성 모두가 "섹스에 굶주린"[7] 것으로 묘사될 수 있다. 이렇듯 개인들의 감정 어휘는 그들 문화의 언어 뿐만 아니라 젠더에 대한 자신들의 특수한 규범에 의해서도 틀 지어질 수 있다.

감정 은유는 매우 공통적이어서 우리는 그것을 당연한 것으로 받아 들인다. 나는 앞서 제3장에서 'sad'의 동의어로 'down(울적하다)'과 'low(침울하다)'라는 용어를 사용했다. 대부분의 독자는 아마도 이 용어 들을 다루는 나의 용법에 대해 많이 생각하지 않았을 것이다. 우리 중 많은 사람이 단지 "행복은 up되고" "슬픔은 down되는" 것으로 가정하는 경향이 있다(Lakoff and Johnson 1980: 15). 아마도 이것은 질병뿐만 아니라 슬픔도 힘이 없는 자세나 누워 있는 것을 연상시키기 때문일 것이다. 식물조차도 "상태가 좋지 않을" 때 시들거나 내려앉는 경향이 있다. 따라서 'down'이 부정적 감정을 묘사하기 위해 사용된다는 것은 아마도 놀랄 만한 일이 아닐 것이다. 하지만 (놀랍든 또는 그렇지 않은 간에) 그러한 은유적 표현들은 사람들이 자신의 감정을 확인하는 방식을 틀 짓는 문화적 관습이다.

상황에 대한 관점으로서의 감정 이름표

지금까지 나는 감정 확인이 문화가 창출하여 그 성원들에게 사용할 것을 권고하는 어휘들(은유를 포함하여)에 의해 틀 지어진다고 주장해 왔다. 비록 감정이 생명작용에 뿌리를 두고 있다고 하더라도, 감정에 대한 우리의 묘사는 사회적 규범 및 관습과 뗄 수 없게 결합되어 있다.

이 절에서 나는 감정 확인의 세 번째 문화적 차원을 개관할 것이다. 우리가 우리의 감정을 분류하기 위해 사용하는 단어들은 우리의 생명 작용보다는 상황에 대한 우리의 생각에 더 맞추어져 있을 수도 있다 (Hochschild 1983, Appendix B).

만약 생명작용이 우리가 우리의 감정을 분류하는 방식에 본질적이라면, 우리의 범주들은 생명작용을 반영할 것이다. 하지만 생리적 상태에 따라 이름 붙여진 감정을 생각해내기는 어렵다(Hochschild 1983: 223). 그렇다. 우리는 위胃에서 '초조함'을 느끼지만, 그러한 종류의 용어는 보통 무대 공포증이나 낭만적 사랑 같은 보다 구체적인 감정을 현시하는 것으로 묘사된다.

대신에 우리가 감정을 특징짓기 위해 사용하는 용어는 거의 모두 신체 감각이 아닌 관점에 대한 서술로서 인식된다. 감정 확인은 우리의 신체 감각보다는 우리가 문화적으로 획득한 사고방식에 훨씬 더 맞추어져 있는 것으로 보인다.

만약 내가 학교에서 할 연극 공연에 대해 당신이 어떻게 느끼는지를 묻는다면, 당신은 아마도 청중("청중이 소규모이고 우호적인 사람들이기 때문에 나는 크게 **걱정하지** 않아요"), 일이 잘못될 가능성("내 대사를 잊어버릴까 **두려워**요!"), 또는 평판이 손상될 것에 대한 우려("내가 엉망으로 만든다면 매우 **당혹스럽**겠죠!")에 관해 이야기할 것이다. 이러한 묘사들 모두는 누군가의 신체 상태보다는 상황에 대한 누군가의 관점에 맞추어져 있는 것으로 보인다. 연기자는 고조된 신체적 각성을 공연에 대한 하나의 접근방식으로 경험하는 것이 아니며, 그러한 감각들은 부차적인 것으로 보인다. 감정 이름표의 선택은 상황에 대한 누군가의 평가와 보다 직접적으로 결합되어 있으며, 그 사람이 그 연극에서, 그들의 평판에서, 그리고 (생리작용이 아니라 문화와 관점의 문제인) 여타 요인들에서 차지하는 중요성에 의해 틀 지어진다.

앞에서 나는 부모의 사망을 여러 감정(그리고 여러 생리적 감각)이 뒤섞일 수 있는 상황으로 언급했다. 이 사례를 프레임 짓는 또 다른 방식은 누군가의 **고려**가 뒤섞여 있다고 말하는 것이다(Hochschild 1983: 224). 부모를 결코 다시 볼 수 없다는 데 초점을 맞출 경우, 나는 나의 감정을 슬픔으로 묘사할 것이다. 그 죽음이 부모의 고통과 고생을 끝내주었다고 생각할 경우, 나는 안도감을 느낀다고 말할 수도 있다. 죽음의 비자연적 원인(이를테면 의료 실수나 음주운전 사고)에 초점을 맞출 경우, 나는 내가 느끼는 바를 화로 묘사할 수도 있을 것이다.

이 사례들 모두에서 감정 범주는 누군가의 생리작용의 변화라기보다는 상황에 대한 관점이 변화함에 따라 드러내는 반응인 것으로 보인다.

어떤 사람이 당신에게 "대학교 졸업하는 기분이 어때?"라고 물을 때 당신이 어떻게 말할지를 상상해보라. 아마도 당신은 친구들과 작별을 고하는 것이 **슬프다**거나, 새로운 도전을 하는 것에 **흥분이 된다**거나, 취업을 **걱정한다**거나, 마지막 시험을 끝내니 매우 **기쁘다**고 말할 것이다. 당신은 당신의 감정을 확인할 때 당신의 신체상태가 주역 또는 조역을 할 것으로 생각하는가? 나는 당신이 당신의 생리작용에 대한 당신의 평가보다는 상황에 대한 당신의 인지적 평가를 훨씬 더 많이 반영하는 이름표를 선택할 것이라고 추측한다.

인상관리로서의 감정 확인

감정 확인 과정은 우리가 지금까지 논의한 것보다 훨씬 더 사회적이다. 그렇다. 우리의 몸은 불분명하다. 실제로 우리는 감정을 분류하기 위해 문화가 창출한 어휘에 의존한다. 그리고 그러한 이름표들은 신체 변화보다는 상황에 대한 우리의 관점과 더 연계되어 있다. 그러나 자주 이름 붙이기의 **상호작용적 맥락**이 우리가 '느끼는' 것을 확인하는 데서 핵심적 요소이다. 개인들은 자신의 감정을 분류할 때 안쪽으로 자신의 몸(또는 심지어는 자신들의 인지적 관점)을 바라보기보다는 바깥쪽으로 환경을 바라볼 수도 있다. 감정의 묘사는 '수사적으로' (즉, 사람들이 우리에 대해 어떻게 생각하고 느끼는지를 틀 짓기 위해) 사용될 수도 있다 (Coupland et al. 2008; Edwards 1999; Harré 1992; Wilkins 2008).

이를테면 사람들이 "이 자리에 서게 되어 매우 행복하다"고 말하는 것으로 공적 연설을 시작하는 것은 아주 흔한 일이다. 그 꼬리표를 붙일 때, 연설자가 어떤 감정이 존재하는 정도를 측정하기 위해 자신의 생리작용을 면밀하게 검토했을 가능성 - "나는 나의 내장의 의견을 들은 후에 내가 행복만을 (그리고 많이) 느끼고 있다고 결정했다" - 은 없어 보인다. 오히려 연설자는 아마도 (적어도 많은 경우에) 신체 감각(또는 심지어 상황에 대한 인지적 평가)보다 청중에게 좋은 감정을 만들어내는 데 훨씬 더 많은 관심을 기울일 것이다.

만약 연설자들이 "이 자리에 서게 되어 진절머리 난다"고 말하는 것으로 연설을 시작한다면, 그들은 나쁜 인상을 만들어낼 위험이 있다. 긍정적이지만 열의 없는 감정 — "이 자리에 서게 되어 얼마간 만족한다" — 조차 일부 청중에게는 그 자리에 어울리지 않거나 아주 모욕적인 것으로 인식될 수 있다. 따라서 그러한 묘사가 비록 솔직할 수는 있지만, 연설자는 자신을 인정받는 데서 가혹한 평가를 얻을 수 있다.

만약 한 발표자가 뒤섞인 감정을 느끼고 나서 연설을 시작하며 자신의 각 감정을 설명한다면, 어떤 일이 일어날지를 상상해보라.

> 연설을 시작하기 전에 나는 이 자리에 서게 되어 매우 들뜨고 행복하다는 말씀을 먼저 드리겠습니다. 나는 여러분과 공유할 어떤 흥미로운 내용을 가지고 있고 여러분의 의견을 듣기를 기대합니다. 나는 또한 초조하기도 합니다. 왜냐하면 실수를 하거나 어리석게 보이지 않을까 걱정되기 때문입니다. 게다가 연단의 높이가 잘 맞지 않아 약간 짜증도 납니다. 더군다나 결혼생활에 많은 어려움을 겪고 있어 내게는 그로 인한 슬픔이 여전히 남아 있습니다.

이러한 모두진술이 가능할 수도 있지만, 전혀 있을 법하지 않아 보일 것이다. 오히려 사람들은 연설을 시작하며 자신의 감정을 분류할 때, 자신의 감정을 포괄적으로 그리고 객관적으로 설명하기보다는 **선택적으로 그리고 맥락에 맞게** 묘사할 것으로 보인다. "정직이 최선의 방책이다"라는 격언에도 불구하고, 사람들은 빈번히 자신들의 생각과 느낌을 숨기거나 속이거나 과장할 필요가 있음을 발견한다. 우리는 체면을 세우고 관계를 보호하고 갈등을 피하기 위해, 그렇지 않으면 바람직한 방향으로 상호작용을 인도하기 위해 그러한 정보를 통제한다(Turner et al.

1975).

공적 연설에 사실인 것은 다른 맥락에서도 사실이다. 당신이 다양한 상황에서 질문받는 "어떻게 지내?How are you?"라는 단순한 질문을 상상해보라. 한 친구가 수업 사이의 쉬는 시간에 당신에게 이 질문을 던질 때, 당신은 당신의 아파트라는 사적 공간에서 대화하고 있었을 때와는 다른 답변을 할 수도 있다. 당신이 부모로부터 걸려온 전화로 동일한 질문을 받을 때, 당신은 제3의 유형의 반응을 보일 수도 있다. 그리고 만약 카운슬러가 공식적인 치료요법 세션에서 "어떻게 지내세요?"라고 물었다면, 당신은 제4의 설명을 했을 수도 있다. 복도에서는 "잘 지내"라는 답변으로 충분할 수 있지만, 다른 곳에서는 그것은 너무 짧고 인간미가 없는 답변일 수 있다. 누군가가 반 친구에 대해 갖는 육욕적 감정을 묘사하는 것은 친구와의 사적 대화에서는 지극히 적절할 수 있지만, 쉬는 시간에 복도에서 나누는 대화나 부모와의 통화에서는 그렇지 않다. 그리고 자존감이 낮음을 솔직히 인정하는 것은 치료요법 세션에서는 아주 적절할 수 있지만, 복도에서 나누는 스쳐가는 인사에서는 아주 부적절할 수 있다. 그러한 가상적 상호작용을 마음속에 그려보자.

"안녕, 수잔! 어떻게 지내?"
"오늘 내 자존감에 의심이 들어. 넌 어때?"

맥락, 청중, 그리고 우리의 상호작용의 목적 모두가 우리가 우리의 감정을 묘사하는 방식을 틀 짓는다(Harris and Ferris 2009). 우리의 동료들과 이야기할 때 우리는 바람직한 반응을 불러내기 위해 특정한 방식으로 우리의 감정을 특징짓는다. 이를테면 어떤 사람이 부모가 너무 걱정하지 않기를 바란다면, 부정적 감정은 의도적으로 배제되거나 경시될 것이다. "나 수학 수업 별로 걱정하지 않아." 그 학생은 그날 앞서 친구에게서 동정심을 불러일으키고 위안을 얻기 위해 "나 수학 수업 때문에 정말 미치겠어"라고 말했을 수도 있다.

우리는 우리의 감정을 묘사할 때 철저하게 거짓말을 할 수도 있다 (Turner, Edgley and Olmstead 1975). 사람들은 고용주나 선생에게 자신이 (가족의 비극으로 인해) 너무나도 괴로워서 자신의 일을 수행할 수 없다고 아주 교활하고 영악하게 말하기도 한다. 우리는 비극이나 슬픔을 완전히 날조하기도 한다.

다른 한편 가장 흥미롭고 (아마도) 보다 있음직해 보이는 상황이 바로 사람들이 서로 다른 상황에서 서로 다른 사람에게 말할 때 약간 과장하거나 다른 부분에 초점을 맞추는 경우이다. 이를테면 하루 동안에도 어떤 학생은 수학 수업에 대해 초조감, 돌연한 공포, 무관심 사이를 왔다 갔다 하기도 한다. 나중에 "지금은 어때?"라고 물었을 때, 그 학생은 솔직한 감정을 말하기로 결정할 수도 있다. 아니면 적절한 양의 초조감을 상대적으로 일관되게 느낀다면, 그 감정은 그 순간에 그 사람의 목적 – 동정심 불러일으키기, 위안받기, 걱정하는 부모 안심시키기, 능력 입증하기, 행동에 대해 변명하기 등 – 에 따라 더 크게 취급되거나 더 작게 취급될 수 있다(또한 Coupland et al. 2008; Locke 2003을 보라). 때때로 어떤 사람의 목적이 "지루하지 않는" 것이어서 그는 우리의 감정을 더욱 극적으로 만들기 위해 감정을 과장할 수도 있다. 다른 사람들이 우리를 좋아하게 만들기 위해 우리는 극단적으로 감정을 표현하고 싶은 생각이 들기도 한다. "나 태국 음식 정말로 사랑해!"라고 말하는 것은 "응, 나 태국 음식 잘 먹어"라고 말하는 것보다 우리를 더욱 매력적인 저녁식사 동료로 만든다. 그리고 "수학 시험은 나에겐 하나의 도전일 수 있어"라고 말하는 것은 "난 수학 시험이 무서워!"라고 주장하는 것에 비해 무미건조할 것이다.

대인관계적 감정 확인

나의 리스트의 다섯 번째 차원은 감정 분류가 그 과정에 다른 사람들이 관여함으로써 감정을 경험하는 사람의 저 바깥에서 일어나기도 한다는 것이다. 감정 확인은 고립된 개인들의 배타적 특권이 아니다. 감정관리처럼(제3장을 보라) 감정의 분류는 하나의 집단 프로젝트일 수 있다. 사람들은 자주 자신들의 감정을 확인할 때 도움 — 원하든 원치 않든 — 을 받는다.

상호작용적 코칭interactional coaching 개념을 살펴보자(Harris and Ferris 2009). 일상적인 대화에서 사람들은 우리에게 특정한 감정 이름표를 사용하라고 코치하거나 지도한다. 그들이 그렇게 하는 방식 중 하나가 우리가 사용할 수 있는 잠재적 선택지를 제공하거나 뒷받침하는 것이다.

- 졸업 축하해! **신나** 죽겠지!
- 너의 엄마 일은 유감이야. **충격이** 크지?
- 자네 전처가 무슨 일을 벌였는지 들었네. 정말 **짜증나** 미치겠지, 그렇지?

때때로 우리의 상호작용 코치들은 우리가 선택할 두 가지 후보나 답변

— 마치 당신이 투표를 하거나 객관식 시험을 치를 때처럼 — 을 제시한다.

- 당신은 새로운 일을 시작하는 것을 **두려워**하나요, 아니면 **간절히 바라**나요?
- 당신은 당신 친구의 성공을 **질투**하나요, 아니면 그녀를 **자랑**스럽게 여기나요?
- 당신은 당신의 학점에 **만족**했나요, 아니면 그것으로 인해 **속상**했나요?

물론 사람들은 우리의 감정에 대해 개방형 질문을 할 수도 있다. 하지만 "당신은 [X]에 대해 어떻게 느끼나요?"와 같은 광범한 질문조차도 코칭의 대상이 된다. 코치는 우리에게 우리의 경험에 집중하고 어떤 다른 용어보다 어떤 감정 어휘를 사용하여 우리의 경험에 대해 보고하라고 권고한다. 만약 질문이 "[X]에 대한 당신의 생각은 무엇입니까?"나 "1에서 10의 척도로 당신이 [X]에 대한 점수를 매긴다면?"으로 진술되었다면, 당신은 다른 많은 답변을 제시받았을 것이다.

우리가 다른 사람들로부터 받는 '도움'은 일단 우리가 우리의 감정에 대해 하나의 특별한 이름표를 선택했다고 해서 끝나는 것이 아니다. 사람들은 우리에게 우리의 묘사를 보다 약하거나 강하거나 또는 완전히 다른 것으로 바꾸라고 권하기도 한다. 이렇듯 상호작용적 코칭은 다른 사회적 과정들 — 감정 이름표의 **격상시키기**와 **격하시키기** — 과 맞물려 돌아간다(Staske 1996).

이를테면 사람들은 자주 다른 사람들의 행동에 대한 자신의 불만을 표현한다. 때로는 연설자들은 "나는 오바마 대통령을 증오합니다!"나

"나는 티파티Tea Party[증세와 정부 규제에 반대하면서 작은 정부를 지향하는 미국의 강경 보수주의 시민단체 — 옮긴이]를 증오합니다!"와 같은 말을 하기도 한다. 하지만 모든 청중이 그러한 거친 진술을 지지하거나 용인하는 것은 아니다. 사람들은 다른 사람들에게 '증오'는 극단적인 또는 용납할 수 없는 감정이라는 점을 상기시키기를 좋아한다. 그들은 "조심하세요. 증오라는 말은 너무 센 단어입니다"라고 충고하기도 한다. 이에 응답하여 그 연설자는 자신이 추측하는 감정을 재빨리 덜 강한 이름표로 끌어내리기도 한다. "예, 좋아요. 그냥 나는 티파티를 **아주 싫어한다**고 말할게요."

유사하게 우리의 동료들은 때때로 우리가 긍정적 감정 범주들을 사용하는 것에 이의를 제기하기도 한다. 어떤 사람이 자신이 "태국 음식을 정말로 사랑한다absolutely love"고 말할 때, 다른 사람이 "너 태국 음식과 결혼할래?"라고 어린애들처럼 놀릴 수도 있다. 이런 질문은 처음의 묘사를 더 낮은 방향으로 수정하게 하는 자극제로 인식될 수도 있다. 그래서 화자는 "아니, 그러나 나는 그것 아주 좋아해quite fond" — "정말로 사랑해"로부터의 유의미한 축소 — 라고 답할 수도 있다.

우리의 동료들은 우리에게 감정 범주를 격하시키라고 권하는 것뿐만 아니라 우리를 반대 방향으로 코치하며 보다 강한 이름표로 격상시키라고 권할 수도 있다. 이를테면 나는 일상적 상호작용(이를테면 저녁 식사 요리하기)을 하는 동안 나의 아내에게 자주 "사랑해"라고 말한다. 이에 응답하여 그녀는 명랑하게 "정말로? 얼마나?"라고 묻는다. 그녀 얼굴의 함박웃음은 나에게 그녀가 실제로 나의 진실성을 의심하지 않는다는 것을 보여주지만, 나의 감정을 더 크게 (그리고 격상된 성격 묘사를 통해) 보여줄 것을 가볍게 재촉한다. 그에 응답하여 나는 나의 묘사

를 강화하기 위해 팔을 넓게 펼치면서 "**이만큼** 사랑해"라고 말하기도
한다. "목숨보다 사랑해"는 또 다른 (매우 감상적인) 선택지일 수 있다.
세 번째 선택은 "아이스크림보다 더 사랑해" ― 이는 내가 가장 좋아하는
먹을거리가 아이스크림이라는 것을 그녀가 알기 때문에 가능한 농담이다
― 라고 말하는 것이다.

사람들은 또한 우리로 하여금 부정적 감정의 묘사를 격상시키게 하
기도 한다. 이를테면 의기소침해 있는 사람이 "괜찮아" 또는 "나쁘지 않
아"라고 말하면, 동료들은 "정말이야? 너 많이 안 좋아 보여"라고 말하
며, 더 강한 그리고 어쩌면 더 솔직한 이름표를 사용할 것을 권하기도
한다(Staske 1996).

감정에 대해 "누가 가장 잘 아는가"에 관한 논쟁

우리가 살펴보았듯이, 사람들은 우리와 합작해서 우리 자신과 다른
사람들의 감정경험에 이름표를 붙이기도 한다. 만약 사람들이 우리에
게 특정한 이름표를 붙이도록 점잖게 코치하고 우리가 별 생각 없이 그
이름표를 채택한다면, 그러한 협력은 상대적으로 합의에 의한 것일 수
있다. 다른 한편 협력이 다툼을 낳기도 한다. 감정 확인은 하나의 집단
프로젝트일 수 있지만, 사람들은 어떤 감정 상태를 특성화하는 최선의
방법에 대해서는 의견일치를 보지 못하고 있다(Gubrium 1989).

단지 그 이름표가 옳은지에 대해서만이 아니라 서로 다른 사람들이
감정에 대해 알기 위한 근거로 삼고 있는 것에 대해서도 서로 의견이
다를 수 있다. 어떤 사람이 느끼고 있는 바를 최고로 잘 말할 수 있는 지
위에 있는 사람은 누구인가? 이 단순한 질문은 당신이 생각하는 것보다

답변하기 더 어려울 수도 있다.

우리가 제1장에서 논의했듯이, 미국인들은 자주 감정이 사적 소유물이라고 가정한다. 이것은 사람들로 하여금 감정을 경험하는 개인들이 자신의 감정에 대해 가장 신뢰할 수 있는 이야기를 할 수 있다고 매우 확신하게 한다. 사람들은 빈번히 자신만이 자신의 감정 상태에 **특권적으로 접근**할 수 있고(Gubrium and Holstein 2009) 다른 사람들은 그것을 이해할 수 없다고 주장한다.

- 내 감정에 대해 아는 체하지 마! 이게 나라는 게 어떤 기분인지 넌 알지 못해.
- 우울증의 지옥을 경험하지 않는 한, 너는 내가 지금 겪고 있는 것을 이해할 수 없어.
- 너 아이 없지? 그렇지? 그건 네가 십대 하나를 키운다는 것이 얼마나 마음을 기쁘게 하고 애타게 하는지를 전혀 알지 못한다는 것을 의미해.

이러한 주장들이 매우 설득력 있어 보이지만, 그러한 주장들만 제기되는 것은 아니다. 특권적으로 접근한다는 것은 단지 주장의 한 유형일 뿐이다. 감정은 사적 소유물이라는 대중적인 가정에도 불구하고, 그 주장은 승리하지 못할 수도 있다.

흥미롭게도 특권적인 접근을 부정하는 한 가지 종류의 주장이 감정을 경험하는 개인들로부터 제기되고 있다. 때때로 사람들은 자신이 자기 자신의 감정을 이해할 수 없다고 주장한다. 실제로 이는 **특권적 접근을 부인하는** 것이다(Gubrium and Holstein 1990).

- 나는 그것에 대한 내 감정이 어떤지 모르겠어.
- 나는 내 감정을 정리할 필요가 있어.
- 내가 사랑에 빠졌다고 생각했어. 그런데 지금 생각하니 그건 단지 홀렸던 것뿐이야.
- 그 시를 읽기 (또는 그 노래를 듣기) 전까지 나는 내가 느끼는 것을 이해할 수 있는 단어를 가지고 있지 않았어.

한 개인이 자신의 감정 상태를 알고 있다고 여전히 확신할 때조차, 다른 사람들은 그들 나름의 해석을 제시할 수 있다. 때로는 **외부자 관점의 타당성을 주장**함으로써 특정한 개인이 느끼고 있는 것을 다른 사람들이 더 잘 안다고 주장하기까지 한다(Gubrium and Holstein 1990).

- 네가 나를 사랑한다고 말하지만, 행동이 말보다 중요해. 그리고 너의 행동은 네가 실제로 나를 걱정하지 않는다고 내게 말하고 있어.
- 너의 얼굴이 빨개지고 너의 목소리가 커졌어. 내가 보기에, 네가 뭐라고 말하든 그건 네가 화났다는 증거야.
- 넌 그냥 조심하는 중이라고 말하지만, 내가 생각하기에 실패에 대한 공포 때문에 너는 불가피한 위험을 감수하지 못하고 있어.
- 난 네가 뭘 느끼고 있는지 알아. 왜냐하면 내가 작년에 매우 유사한 상황을 겪었거든. 그리고 그 반대쪽으로 빠져나왔거든.

친구, 친척, 동료들은 상식적 주장에 불과한 것을 이용하여 개인의 감정적 자기인식에 이의를 제기하기도 한다.

감정에 접근하는 또 다른 방식은 기술적 또는 심리학적 진단을 실시하는 것이다. 카운슬러, 치료요법사, 정신과 의사, 심리학자들은 개인들이 자신의 감정에 대해 주장하는 바를 조사하기 위해 사용할 수 있는 일련의 개념을 발전시켜왔다(Kalat and Shiota 2007: 300을 보라). **부정**denial ― 개인들이 어떤 문제를 가지고 있다는 점을 스스로 인정하기를 거부할 때 발생하는 ― 은 그러한 개념 중의 하나이다. "화 관리 문제"를 지닌 사람들이 자신의 동료들이 단지 과도하게 민감할 뿐이라고 불평할 때, 그는 "부정하는 중"이라고 묘사되기도 한다. **투사**projection는 누군가가 자기 자신의 감정 상태에 대한 어떤 사람의 묘사를 믿지 않는 것을 묘사하는 또 다른 선택지이다. 투사는 개인들이 자신의 부정적 감정을 자기 자신의 것이라고 주장하기보다는 다른 사람에게 돌리는 것을 말한다. 이를테면 어떤 사람은 자기 자신이 상대방을 미워한다는 것을 인정하기보다는 "하비에르가 나를 증오한다"고 말하기도 한다. 따라서 어떤 사람은 "투사하지 말고 너의 감정에 솔직해져!"라는 이의를 제기받기도 한다. **전위**displacement는 또 다른 선택지이다. 이 현상은 심란한 감정이 그 감정을 불러일으킨 원인이 아닌 어떤 사람 또는 어떤 것을 지향할 때 발생한다. 이를테면 어떤 노동자는 고객이나 자신의 상관에게 화를 표출하는 것이 아니라 집에서 배우자에게 소리를 지르기도 한다. 따라서 친척, 카운슬러, 또는 친구는 그 남자에게 그가 **실제로** 그의 아내에게 화가 났는지 아니면 (그의 반대 주장에도 불구하고) 솔직히 자신의 욕구불만을 배우자에게 '발산'하고 있는 것은 아닌지를 생각해보라고 요구하기도 한다.

유명인사들은 레드카펫 위에서 감정을 확인한다

나와 케리 페리스Kerry Ferris는 감정 확인과 관련한, 쉽게 이해할 수 있는 연구를 수행했고, 그것은 우리의 책 『별 관찰하기: 유명인사, 명성, 그리고 사회적 상호작용Star-gazing: Celebrity, Fame, and Social Interaction』의 제5장으로 출판되었다. 나와 페리스는 유명인사들이 시상식 직전에 하는 레드카펫 인터뷰의 중심적 특징의 하나가 감정이라는 것에 주목했다. 연예 기자들은 스타들이 시상식장에 들어설 때마다 느낌이 어떤지를 물었다. 나와 페리스는 텔레비전으로 방송되는 그러한 인터뷰들이 감정을 분류하는 상호작용 과정을 검토할 수 있는, 눈에 띄는 편리한 환경을 제공한다고 생각했다.

2007년에 ABC, E!, TV 가이드 채널 같은 방송망들이 아카데미상, 골든 글로브상, 그레미상 시상식에서 스타들이 레드카펫에 도착하는 것을 방송했다. 우리는 그 방송들의 14.5시간을 녹화하여 녹취했고, 적어도 한 명의 유명인사가 포함된 317개의 인터뷰를 손에 넣었다.

유명인사들은 레드카펫에서 다양한 일련의 감정을 느낄 것으로 기대받기도 했다. 꼬치꼬치 따지는 행위는 스타들에게 **불안감**을 조성하기도 한다. 결국 무수한 시청자들이 부적절한 단어 선택, 무례한 패션, 또는 의상 사고를 보게 되기도 한다(그리고 후속 TV 프로그램으로, 잡지에서, 인터넷으로 다시 본다). 배우들은 몇 달 또는 몇 년 전에 끝낸 프로젝트를 지원하는 복수의 기념식에 참석하기 위해 현재의 프로젝트를 중단할 필요가 있기도 하다. 쇳소리를 지르며 몰려드는 팬들, 인터뷰 진행자의 꼬치꼬치 캐묻는 질문들, 파파라치들의 흘끔거리는 렌즈가 그러하듯이, 그것은 **짜증**이 나게 할 수도 있다. 경험이 많은 일부 배우는 시상식이 느리고 반복적으로 진행되기 때문에 또는 단지 밝은 조명 아래에서 정장을 하고 있어 덥고 불편하기 때문에 **지루해**하기도 한다. 이러한 그리고 다른 많은 반응이 가능하다. 하지만 '흥분'이 지배적으로 사용된 감정 범주였다. 아마도 그것은 인터뷰 진행자가 제기한 질문, 그 상황의 감정규범, 그리고 관객들에게 더 좋은 인상을 만들어내려는 유명인사들의 욕망 때문이었을 것이다.

연예 기자들은 아래의 상호작용에서처럼 자주 스타들에게 이미 주어진 감정적 반응을 끌어내는 유도 질문을 하는 경향이 있다.

그레그 프룹스: 여기에 와서 누구를 만나서 **흥분되나**요?
조안 바에즈: 음, 딕시 칙스요. 왜냐면 그들의 짧은 역사와 나의 긴 역사 때문이죠. 난 그들의 노래를 들으면 매우 **흥분돼**요.
그레그 프룹스: 나도 그래요.

(Ferris and Harris 2011: 93)

여기서 뮤지션 조안 바에즈는 인터뷰 진행자가 제시한 감정 범주를 채택한다. 그녀는 또한 그녀 자신과 상대적으로 신인인 음악 그룹을 연결지으며 시청자들에게 1960년대와 그 후의 그녀의 작품을 생각나게 한다.

때때로 인터뷰 진행자들은 아래에 제시된 엘런 디제너러스 — 그 쇼의 사회를 보았다 — 와의 상호작용에서처럼 유명인사들이 선택하도록 하나 이상의 감정 범주를 제시하기도 한다.

라이언 시크레스트: 당신은 이 빅쇼를 전부 끌어가는 것이 **긴장**되나요, 아

니면 **편안**한가요?

엘런 디제너러스: 으음음…… 아뇨, 난 **편안**해요. 왜냐면 나는 이 일을 많이 해왔기 때문이죠. 하지만 물론 **긴장**되기도 해요. 이 쇼가 전 세계로 생방송되고 있어 나는 저기로 걸어나오기 직전까지만 해도 긴장하고 있었어요. 지금은 **흥분돼**요.

(Ferris and Harris 2011: 94)

시크레스트는 '양자택일' 형태로 질문하지만, 디제너러스는 두 이름표 모두를 받아들이면서도 제3의 감정을 추가했다. 여기서 우리는 분류과정에 스며들어 있는 자유와 제약의 혼합을 본다. 즉, 시크레스트는 디제너러스에게 특정한 감정 범주를 사용하도록 유도하지만, 디제너러스는 얼마간 유연하게 반응한다. 물론 디제너러스 또한 자기 자신에 대해 짜증나고 지루하고 아주 겁이 난다고, 그리고 다른 가능한 다혈증적 증상들을 겪는다고 자유롭게 기술할 수도 있지만, 그중 어떤 것은 팬들을 멀어지게 하고 시청자들을 잃는 위험을 초래할 수도 있다. 이러한 고려는 그녀가 자신의 감정을 분류하는 방식을 제약하는 역할을 할 수도 있다.

유명인사들은 다음의 인터뷰에서처럼 때때로 그들 자신의 감정뿐만 아니라 다른 사람들의 감정도 자신 있게 분류한다.

라이언 시크레스트: 당신은 오늘밤 여기서 얼마나 **흥분되**나요? [⟨마이 네임 이즈 얼My Name Is Earl⟩은] 환상적인 쇼네요. 그건 당신에게 얼마간 대단한 일을 하게 할 것 같네요. 오늘밤 지명받아 여기에 올라오니 기분이 어때요?

제이미 프레슬리: **나와 [나의 동료 스타] 제이슨은** 우리의 동료들에 의해 지명되었다는 것이 정말, 정말로 **흥분돼요**. 왜냐하면 알다시피 그들은 설득하기 가장 어려운, 가장 어려운 비평가들이잖아요. 그리고 심지어 그룹인 우리를 뽑았다는 사실은 정말 놀라운 일이죠. 그래서 **우리는** 오늘밤 여기에 있는 것이 **정말로 흥분돼요**.

(Ferris and Harris 2011: 96)

여기서 제이미 프레슬리는 자신과 자신의 동료 제이슨 리 — 인터뷰 동안에는 참석하지 않은 — 의 감정 상태를 신뢰할 수 있게 말하고 있다. 그녀가 제시한 설명 — 인정받기가 정말 어려운 동료들이 준 상 — 은 감정 상태를 정당화하고 시청자들이 그녀를 긍정적 시각에서 보게 한다.

재미있는 한 상호작용에서 인터뷰 진행자 조안 리버스는 한 도시 전체의 감정 상태를 성격 짓는다. 몇 년 전에 여배우 에바 롱고리아가 미인선발대회에 참여하여 "미스 코퍼스 크리스티"로 호명된 적이 있었다. 리버스는 최근 허리케인이 코퍼스 크리스티를 강타한 후 그곳을 방문했는데, 그 일에 대해 이렇게 말했다.

조안 리버스: 내가 코퍼스 크리스티에 갔더니 그들은 당신 이야기만 했어요. 나는 허리케인 다음 날 그곳에 있었어요. 그들은 자신의 집이 없어졌다는 것에 대해서는 **신경쓰지 않았어요**. 그들은 당신에 대해 얘기했어요. [에바가 웃는다] 나는 당신을 **사랑해요**. 만나서 반가워요.

에바 롱고리아: 감사해요.

조안 리버스: 코퍼스 크리스티는 당신을 사랑해요.

에바 롱고리아: 와우, 나도 그들을 **자랑스럽게** 만들어드리고 싶어요.

조안 리버스: 절 믿으세요. **그들은 당신을 사랑해요**. 멜리사가 뒤에 있네요.

(Ferris and Harris 2011: 97~98)

　　25만 명이 넘는 사람들이 사는 그 도시의 거주자들은 롱고리아에 대해 엄청 많은 것 — 시기심, 무관심, 반감, 육욕을 포함하여 — 을 느끼게 될 것이다. 하지만 레드카펫이라는 맥락을 감안할 때, 도시 전체가 롱고리아에게 '사랑'을 느낀다는 기분 좋은 주장은 문제가 되지 않을 것이다.

　　텔레비전으로 방송된 레드카펫 인터뷰는 특별한 상황이다. 부유한 유명인사들이 수백만 명의 시청자 앞에서 카메라에 대고 (자신들의 무대의상과 다른 문제들과 함께) 자신들의 감정을 토로한다. 이 상황은 일상생활과 아주 거리가 멀어 보일 수도 있다. 하지만 레트카펫 위에서 벌어지는 과정의 많은 것이 일상생활과 매우 유사해 보인다. 한 학생이 다른 학생에게 "너 기말시험을 생각하면 **긴장**돼 아니면 **편안**해?"라고 묻는다. 이것은 라이언 시크레스트가 엘런 디제너러스에게 감정 확인을 유도했던 방식과 유사하다. 또는 한 교수가 다른 교수에게 "학생들은 나의 이론수업은 좋아하지만, 나의 조사방법 강의는 싫어해"라고 말하기도 한다. 이는 조안 리버스가 대규모 집단 사람들의 감정을 분류한 방식과 비슷하다. 따라서 나와 페리스는 레드카펫에서 일어나는 상호작용에 대한 우리의 분석이 예외적 상황의 감정 확인뿐만 아니라 일상적 상황의 감정 확인에도 스며들어 있는 상호작용과정을 잘 보여준다고 주장했다.

감정 확인과 감정노동

우리는 이미 이 장에서 감정 확인이 표면 연기 및 심층 연기와 중첩된다는 것을 살펴보았다. "이 자리에 서게 되어 매우 행복합니다"라고 말하는 긴장한 공적 연설자는 전략적으로 자신의 감정을 분류함으로써 자신이 느끼는 것으로 보이는 방식을 관리하고 있기도 하다. 다른 한편 하이킹하다가 숲속에서 곰을 만난 사람은 인지적 심층 연기의 한 형태로서 전략적 감정 분류를 이용하여, 자신에게 ("아이고, 무서워!"라기보다는) 실제로 "정말 흥분된다!"라고 말함으로써 공포를 억누르려고 시도하기도 한다(Hochschild 1983: 206; Thoits 1985: 235를 보라).

감정 확인은 많은 측면에서 감정노동(즉, 유급 감정관리)과도 중첩된다(Harris 2010). 피고용자들은 자신의 일상업무의 일환으로 적절한 조치를 취하여 고객을 만족시키기 위해 고객들이 어떻게 느끼는지를 확인하고자 하기도 한다. 이를테면 어떤 웨이터는 자신을 자극하거나 요리사가 서두르게 하기 위해 "그 테이블이 나 때문에 속이 타요"라고 외치기도 한다. 고용주들 역시 고객들을 끌어들이고 피고용자의 성과를 격려하기 위해 특정한 감정 범주를 채택하거나 권고하기도 한다. 한 유명 호텔의 웹사이트에 접속하여 "경력을 쌓을 기회"에서 내려 받은 다음의 광고를 살펴보자.

아웃리거 호텔과 리조트에서는 자신이 살고 있는 문화와 공동체를 신봉하는 사람, 다른 사람들로부터 적극적으로 배우는 사람, 그리고 자신의 지식과 경험을 다른 사람 및 손님들과 따뜻하게 공유하는 사람을 찾습니다. 우리는 항상 최선을 다하는 사람, 팀워크에 의해 자극받는 사람, 그리고 다른 사람들을 공평하게 그리고 존중해서 대하는 사람을 칭찬합니다. …… 가장 중요하게는 우리는 **알로하**aloha를 실천하는 회사입니다. 우리 **[직원]** 모두는 **알로하**를 느끼고 **알로하**를 모두 — 그들이 손님이든 동료든 낯선 사람들이든 아니면 친구든 간에 — 에게 진심으로 베풀어야 합니다.[8]

여기서 '알로하'라는 개념은 장래의 어떤 피고용자가 출신 도시, 주, 또는 국가와 무관하게 느껴야만 하는 감정의 한 유형으로 묘사된다. 그러한 감정은 단지 표면 연기를 통해서 표출되는 것이 아니라 노동자가 만나는 모든 사람에게 '진심으로' 베풀어야만 한다. 추측컨대 알로하라는 감정은 온정과 애정의 감정 — 사람들을 '타자'나 성가신 짐으로 보는 것이 아니라 자신의 삶 속으로 맞아들이는 태도 — 일 것이다. 그 호텔은 특정한 감정규범과 감정 범주를 (비록 명령하지는 않지만) 후원하는 회사 문화를 창조하려고 노력하는 중이다.

많은 작업장에서는 그 기관이 선호하는 감정 어휘를 권고한다. 판매원들은 자신의 회사와 제품에서 느끼는 '자부심'을 표현하고 보여줄 것을 권고받기도 한다(Ash 1984, ch. 14). 재정 상담원들은 "당신의 성姓을 말하지 않으면서 나보다 더 당신의 재정적 성공을 돌볼 사람은 아무도 없을 것입니다"라고 말하라는 권고를 받기도 한다.[9] 911 전화 응답자들은 전화 건 사람들의 행동에 관한 보고서에 '히스테리적'이라는 이름표 — '겁먹은', '근심스러운', 또는 '충격을 받은'과 대립되는 것으로서의 — 를 사용하라고 배우기도 했다(Whalen and Zimmerman 1998). 어떤 가족 치료요법사는 감정 상태의 목록을 정리한 포스터나 유인물을 의뢰인에게 제시하고 의뢰인에게 그 목록에서 감정 상태를 선택하게 하기도 한다(Gubrium 1992). 이러한 상황들 모두에서 감정 분류는 지역의 작업 장 문화에 의해 인도되기도 한다. 다시 한 번 더 말하지만, 개인들이 묘 사하는 자신들의 감정 상태는 사실에 대한 자발적이거나 솔직한 진술 이기보다는 사회적 과정의 결과일 수 있다.

주

1   이 장의 여섯 번째 소절에서 우리는 "감정에 대해 누가 가장 잘 아는가"라는 주제로 돌아 가서 감정을 경험하는 사람이 반드시 자신의 감정에 대한 최고의 권위자인지를 물을 것 이다.

2   게다가 모든 감각이 감정적인 것도 아니다(Averill 1974: 176). 이를테면 우리는 공포보 다는 고열로 인해 떨기도 한다.

3   "out of"라는 표현은 서로 다른 의미를 부여받을 수 있다. 때때로 사람들은 "out of love" (사랑하는 마음에서) 행동한다고 말하는데, 이 경우는 사랑의 부재가 아니라 사랑의 존 재가 그들의 행동을 동기 지었음을 의미한다.

4   자바는 인도네시아에 있는 섬이다.

5   로드 레이지에 대해서는 Best and Furedi(2001), 끝내기에 대해서는 Berns(2011)를 보 라. 그리고 우리는 슈윙에 대해서는 배우 마이크 마이어스와 다나 카비에게 감사를 표할 수 있다[1992년 영화 〈웨인즈 월드(Wayne's World)〉를 보라]. 슈윙은 페니스와 검을 비 교하는 은유이다. 즉, 이 단어는 칼을 칼집에서 빼는 소리와 비슷하다.

6   차가인은 탄자니아 킬리만자로산에 거주하면서 반투어를 사용하는 부족이다.

7   1980년대 듀란듀란이 부른 한 기억하기 쉬운 노래는 한때 육욕을 "늑대처럼 굶주린" 것 으로 특성화했다. YouTube.com에서 그 노래를 들어보라. 보다 최근에 니키 미나즈와 서 믹스 어 랏은 더 큰 여성 엉덩이를 물고 싶은 '아나콘다'(은유적 페니스)의 욕망으로서 의 남성 육욕에 대해 노래했다.

8   www.outrigger.com/about-us/employment/overview에서 2014년 10월 28일 내려 받 음. 강조 첨가.

9   이 약속은 웰스파고(Wells Fargo)를 위해 일하는 복수의 재정 상담원들의 웹사이트 — 이를테면 http://www.chucknovy.com/The-Five-Ground-Rules.8.htm과 http://www. pdearcangelis.wfadv.com/Our-Five-Ground-Rules.4.htm — 에 말 그대로 등장한다. 2014년 10월 28일 내려 받음.

1. 감정 확인의 실례를 분석해보라. ① 우선 당신의 일상생활이나 텔레비전에서 일어나는 사회적 상호작용을 관찰하라. 대화를 가능한 한 정확하게 기록하라. 또한 맥락 — 누가 참석했고 언제 어디에서 어떤 행동이 일어났는지 — 을 노트에 적어라. ② 당신의 사례를 이 장에서 논의한 감정 확인의 사회적 차원들 중 적어도 두 가지에 적용하라. 당신의 논지를 펼치기 위해 실제로 발생한 일뿐만 아니라 (가상으로) 발생할 수 있었던 일을 논의해도 무방하다.

››› 더 읽을거리

낸시 번스(Nancy Berns)는 정말 마음에 드는 책에서 하나의 감정 범주로서의 '끝내기'의 창조와 증식에 대해 통찰력 있고 유머 있고 예리하게 고찰한다. 제1장은 미국에서 '끝내기'가 부상해온 역사를 다루고, 그 후속 장들에서는 '끝내기'가 특히 의사, 변호사, 정치인, 심리학, 판매원, 이혼한 사람, 유족에 의해 이용되는 방식을 탐구한다.

Berns, N. 2011. *Closure: The Rush to End Grief and What It Costs Us.* Philadelphia, PA: Temple.

미셸 이매너천(Michele Emanatian)은 감정 은유에 대해 간결하고 흥미를 자아내는 연구 사례를 제공한다. 그녀는 서로 다른 두 언어에서 '육욕'이 특징지어지는 방식에 초점을 맞추고 있다. 감정 은유 연구를 선도하는 학자인 졸탄 쾨베체스(Zoltan Kövecses)는 더 많은 것을 배울 수 있는, 권위 있으면서도 보다 매력적인 기회를 제공한다.

Emanatian, M. 1995. "Metaphor and the Expression of Emotion: The Value of Cross-Cultural Perspectives." *Metaphor and Symbolic Activity* 10: 163~182.
Kövecses, Z. 2000. *Metaphor and Emotion: Language, Culture, and Body in Human Feeling.* New York: Cambridge University Press.

제이버 구브리엄(Jaber Gubrium)은 노화, 가족, 질적 방법 영역의 영향력 있는 학자이지만 감정에 대한 그의 연구는 여전히 저평가되어 있다. 구브리엄은 『통제 불능(Out of Control)』에서 가족 카운슬링에서 나타나는 감정 확인에 대해 매력적으로 고찰한다. 특히 제7장("감정의 합리화")과 제8장("표현 조장하기")을 보라. 구브리엄(Gubrium 1989)의 초기 논문은 감정 분류에 대한 자신의 이론적 관점을 좀 어렵지만 보다 체계적으로 진술하고 있다.

Gubrium, J. F. 1989. "Emotion Work and Emotive Discourse in the Alzheimer's Disease Experience." *Current Perspectives on Aging and the Life Cycle* 5: 243~268.
Gubrium, J. F. 1992. *Out of Control: Family Therapy and Domestic Disorder*. Newbury Park, CA: Sage.

제3장에서 논의한 셰인 샤프의 연구(Sharp 2010)를 재미있어 한 독자들은 아미 윌킨스(Amy Wilkins)의 연구를 음미할 수 있을 것이다. 윌킨스는 대학 캠퍼스에서 학생을 모집하는 한 국제조직을 연구했다. 그 기구의 성원들은 자신을 '행복'하다고 받아들이고 묘사하는 것이 진정한 크리스천이 되는 데 본질적이라고 배운다.

Wilkins, A. C. 2008. "'Happier than Non-Christians': Collective Emotions and Symbolic Boundaries among Evangelical Christians." *Social Psychology Quarterly* 71: 281~301.

07

왜 감정사회학을 공부하는가?

이 책의 앞선 장들에서 우리는 감정사회학을 기본적으로 (그리고 선택
적으로) 일별해왔다. 이 연구영역이 낯선 사람에게는 마치 우리가 많은
것을 다루어온 것처럼 보일지도 모른다. 실제로 우리는 단지 그 표면만
을 긁어왔을 뿐이다. 나는 이 책의 중심 주제 ─ 감정규범, 감정관리, 감정
교환, 감정노동, 감정 확인 ─ 에 관한 많은 고전적 연구와 현대적 연구를
간과했다. 게다가 나는 정서통제이론(Lively and Heise 2014), 기대상태
이론(Webster and Walker 2014), 정체성이론(Stets and Trettevik 2014),
의례이론(Rossner and Meher 2014)과 같은 이 분야를 고무하는 다른 사
회학적 관점도 무시했다. 나는 또한 진화이론과 신경과학(Franks 2014;
Turner 2014)뿐만 아니라 정신분석학(Scheff 2014) 같은 사회학 외부에
크게 의존하는 사회학자들의 연구도 방치했다. 따라서 이 책을 즐긴 독
자들은 이 분야를 더 심층적이고 더 광범하게 접하고 싶은 욕구가 일기

도 할 것이다. 몇몇 수준 높은 독자는 대학원에서 감정 연구를 전공하고 싶은 마음이 들지도 모른다. 다른 사람들은 단지 이 책으로부터 자신들이 획득한 개념들을 "수용하는" 데 (그리고 그들의 일상생활에서 '시험해' 보는 데) 만족할 수도 있다.

감정사회학은 서로 다른 사람들에게 서로 다른 것을 제공할 수 있는 다양한 분야이다. 이 책의 마지막 몇 페이지에서 나는 독자들이 (이 책을 통해 그리고 이 책을 넘어서) 감정의 사회적 차원을 공부하는 것으로부터 즐거움 또는 이로움을 얻을 수 있는 이유 몇 가지를 개관하고자 한다.

감정은 항상 적실하고 잠재적으로 재미있는 주제이다

감정사회학에 대해 배우는 한 가지 이유는 그것이 **우리의 삶에 항상 적실하기** 때문이다. 미적분학, 프랑스어, 국제정치, 또는 고대사를 가르치는 교수의 감정을 상하게 하려는 의도는 전혀 없지만, 모든 주제가 우리의 일상생활에 그렇게 직접적이고 관찰 가능한 적실성을 주장할 수는 없다. 감정이 우리의 사회적 상호작용 모두는 아닐지라도 대부분에 스며들어 그러한 상호작용을 채색한다는 관념은 우연한 관찰로도 신빙성을 더할 수 있다. 실제로 어떤 상황에서도 사람들이 규범에 순응하기 위해 또는 자신들의 사회적 교환을 협상하기 위해 감정을 관리하고 있다는 사실은 비교적 쉽게 찾아볼 수 있다. 감정 확인 역시 아주 흔하게 일어나는 일이다. 동료와 친구들은 일상적으로 표면 연기를 통해 그리고 감정 확인을 통해 자기 자신이 행복하다거나, 욕구불만이라거나, 걱정이 있다거나, 스릴을 느낀다거나, 또는 가엽다고 묘사한다. 뉴스를 켜면, 당신은 정치인들이 자신의 감정("나는 이 나라를 사랑합니다")과 다른 사람들의 감정("미국인들은 오바마 케어에 대해 화가 나 있습니다")을 분류하는 장면을 볼 것이다. 내가 감정에 대한 강의를 할 때마다, 나는 항상 일단의 새로운 흥미진진한 사건들을 끌어들여 고찰한다.

매력적인 사례들이 그렇게 빈번하게 발생한다면 아마 틀림없이 어떤 주제에 대한 관심을 유지하기가 더 쉬울 것이다. 우리의 일상생활을 그렇게 즐겁게 또는 그렇게 비참하게 만드는 감정에 대한 보다 심층적인 평가와 정보만큼 재미있는 것이 무엇이 있겠는가?

새로운 시각으로 친숙한 것 바라보기

감정은 편재하지만 그 친숙함 때문에 (아이러니하게도) 우리는 (물을 당연한 것으로 간주하는 물고기처럼) 그것을 간과할 수 있다. 제6장을 읽기 전에 독자들은 "이 자리에 서게 되어 행복합니다"나 "나는 피자를 사랑해"와 같은 진술에 대해 보다 깊이 생각하지 않았을 수도 있다. 감정 노동을 다룬 제5장을 읽기 전에는 맥도날드 캐시어가 살짝 던지는 미소가 당신에게 별 의미가 없었을 수도 있다. 당신은 당신 친구의 서툰 동정심 표현에 짜증을 느꼈지만, 호혜성 결여에 대한 당신의 불만족을 설명하기 위한 교환이론의 개념적 도구를 가지고 있지 못했을 수도 있다. 따라서 나에게서 그리고 나의 많은 학생에게서 사회학적 개념의 주요한 매력은 그러한 개념이 이전에는 당신의 주목에서 벗어나 있던 행동, 심지어는 당신이 직접 목격했던 실례들을 바라보고 분석할 수 있게 해준다는 것이다(Berger 1963).

공중보건의 옹호자들은 특정한 활동 ─ 운동과 야채 먹기와 같은 ─ 이

"당신의 수명을 몇 년 더 추가"할 수 있음을 우리에게 상기시킨다. 얼마간은 유사하게 나는 사회학 책 읽기가 당신에게 생각할 거리와 흥미진진한 것을 많이 제공함으로써 "당신의 매해에 활력을 더해줄" 수 있다고 말하기를 좋아한다. 만약 당신이 적절한 일단의 개념을 특정한 경우로 끌어들인다면, 어떠한 상호작용도 결코 지루하지 않을 것이다.

전혀 다른 영역들 연결시키기

사회학적 개념들은 친숙한 활동들을 새롭고 흥미롭게 보이게 만든다. 그 개념들은 또한 우리가 무관해 보이는 별개의 상황에서 유사점을 찾아내는 데에도 도움을 준다. 우리는 일반적인 사회적 과정에 초점을 맞춤으로써 시간과 장소를 가로질러 반복적으로 발생하는 행동들에 대해 배울 수 있다(Prus 1996).

표면 연기, 심층 연기, 감정노동 및 유사한 관념들은 교수, 판매원, 운동선수, 형사, 스트립 댄서, 의사와 같은 아주 동떨어져 보이는 사람과 장소들의 유사점을 간파하는 데 이용될 수도 있다. 그들 행동의 구체적인 내용은 다를 수 있지만, 그들은 유사한 형태의 행동을 하기도 한다. 이를테면 의사와 스트립 댄서 모두는 당혹감에 방해받지 않고 자신들의 일을 수행하기 위해 심층 연기를 이용하여 벌거벗음이 의미하는 바를 재정의하기도 한다. 또는 교수, 판매원, 운동선수는 강의실에 들어가기 전에, 판매를 위한 권유를 하기 전에, 경기에 나서기 전에 신체적 심층 연기를 이용하여 열의를 불러일으키기도 (또는 긴장을 가라앉히기도) 한다.

사회학적 사고방식은 재현되는 유형들뿐만 아니라 문화적 다양성도

음미한다. (제5장에서 다룬) 상호작용적 코칭 같은 적절한 개념은 우리가 많은 점에서 아주 다른 상호작용과 상황 간의 유사점을 알아차리는 데 도움을 줄 수 있다.

세계와 자기 자신에 대해 동시에 배우기

나는 나의 학생의 일부가 약간 나르시시즘적이거나 자아도취적이라는 것을 발견한 적이 있다. 그들은 다음의 것들을 알고 싶어 한다. 그러한 관념이 나와 무슨 관계가 있는가? 그것들이 내가 나를 더 잘 이해하게 해줄까? 나는 나의 관계들을 더 성공적으로 조절할 수 있을까? 다른 학생들은 더 외부지향적이다. 그들은 다음의 것들을 알고 싶어 한다. 세계에서 어떤 일이 일어나고 있는가? 사람들은 왜 자신이 하고 있는 일을 하는가? 이 연구는 내가 특정한 유형의 사람들 또는 인간존재 일반의 생각, 감정, 행위를 이해하는 것을 어떻게 도와주는가?

당신이 내부지향적이든 외부지향적이든 아니면 둘 다이든 간에, 감정사회학은 당신의 관심에 부합할 수 있다. 이를테면 내가 추심원에 대한 혹실드(Hochschild 1983)의 연구를 읽을 때, 나는 그 직업에 대해 더 많은 것을 배우고, 동시에 내 직업에 대해 통찰한다. 추심원들은 연체자들이 말하는 이유 — 이를테면 "내가 병이 나서 일을 할 수 없다" — 가 정말일 수 있다고 느끼면서도, 기한이 지난 어음을 결제하도록 자극하기 위해 공포를 불러일으켜야만 한다. 만약 내가 원한다면, 나는 그 직업의 구체적인 세부내용에 초점을 맞추어서 추심원들이 수행해야만 하는 미묘한 감정노동에 대해 학습할 수도 있다. 다른 한편 나는 관심을 내부로 돌려서 나 자신과 연관지을 수도 있다. 교수로서 나 역시 기말

보고서 제출 기한에 대해 학생들의 경각심을 불러일으키거나 건강상의 이유나 불행한 일에 대한 학생들의 이야기에 대응할 때, 감정을 관리해야만 한다. 나는 그 차이를 알고 있을 때조차 추심원과 교수가 사용하는 표면 연기와 심층 연기 전략에서 겹치는 부분을 탐구할 수 있다.

감정사회학자들은 당신에게 개인적으로 영향을 주거나 당신이 돌보는 다른 사람들의 삶을 틀 짓는 다양한 고충에 대한 연구를 수행한다. 그러한 고충들은 상대적으로 사소할 — 이를테면 상호작용에서의 다툼에 대처하기(Albas and Albas 1988a; Harris 1997) — 수도 있고, 엄청나게 중요할 — 이를테면 가정폭력, 살인, 또는 성폭력에 대처하기(Goodrum 2008; Kolb 2011; Konradi 1999) — 수도 있다. 어느 쪽이든 간에, 감정사회학자들로부터 그러한 고충들에 대해 배우는 것은 교육받고 위안을 받고 역량을 강화하는 일일 수 있다. 그러한 연구자들은 일부 '자기계발' 지도자들에게서 나타나는 과잉단순화, 설교, 개인화의 문제없이 쉽게 이해할 수 있고 흥미로우며 자료에 기초한 통찰력을 제공한다.

가치 있는 기술 개발하기

사회학과 학생들은 어떤 강좌에서는 전문적 기술을 습득한다. 이를테면 조사방법 교과과정은 학생들에게 체계적인 방식으로 자료를 수집하고 분석하는 방법을 가르친다. 하지만 대부분의 시간에 사회학은 사회적 힘이 우리의 삶을 틀 짓는 방식에 대해 비판적·심층적으로 생각하는 능력과 같은, '좀 더 부드러운' — 하지만 여전히 매우 중요한 — 기술을 길러준다. 감정사회학을 공부하는 것은 그와 동일한 기술 또는 그이상의 기술을 증진시킨다.

비판적 사고는 여러 가지로 정의된다(그렇다고 비판적 사고가 "그리 중요하지 않다"는 말은 전혀 아니다). 비판적으로 생각한다는 것에는 숨어 있는 가정 폭로하기, 일반적으로 받아들여지는 지혜와 관습 의심하기, 논리와 증거에 기초한 주장 평가하기와 같은 관행이 포함된다. 이것들 모두는 감정에 대한 사회학적 연구에 진지하게 종사하는 것으로부터 생기는 기술들이다.

이를테면 일상생활에서 사람들은 다른 사람들의 행동에 대해 주장할 때 감정규범의 '당연함'을 가정하는 경향이 있다. 사람들은 우리가 (또는 알고 있는 누군가가) 비록 비도덕적으로 또는 전문가답지 않게 행동하는 것은 아니지만 이상하게 행동한다고 주장하기도 한다. 그러한 주장은 타당성을 지닐 수도 또는 그렇지 않을 수도 있지만, 비판적 사색가는 진지한 반응을 내놓기에 앞서 그 주장을 떠받치는 문화적 가정을 검토하기를 원할 것이다.

제2장에서 우리가 살펴보았듯이, 감정규범은 솔직히 '당연한' 것처럼 보일 수도 있지만, 그것은 집단에 의해 만들어진 것이고, 따라서 시간과 장소에 따라 다르다. 어떤 행동은 그 결과의 객관적 고려에 의거하는 만큼이나 또는 그 이상으로 주관적인 문화적 근거에 의거하여 '부적절한' 것으로 해석되기도 한다. 게다가 우리가 제5장에서 살펴보았듯이, 감정규범은 여성과 유색 인종의 사람들에게 불공평하게 적용되기도 하는데, 이것은 비판적 사색가들이 검토하고 싶어 하는 또 다른 요소이다. 유사하게 제6장에서 우리는 어째서 어떤 감정 묘사가 하나의 주장인지, 즉 다양한 이유에서 격상되거나 격하되거나 또는 완전히 거부될 수도 있는 주장인지를 살펴보았다.

따라서 감정사회학은 비판적 사고를 포함하여(그러나 비판적 사고에만 한정되지는 않는) 비교적 표준적인 일련의 사회학적 기술을 강화한다. 이 영역의 연구들은 아마도 틀림없이 더욱 진전될 것이며, 학생들에게 개인 내의 그리고 개인 간의 감정관리 기술들을 개발하는 기회를 제공할 것이다.

이 책과 이 책이 제시한 더 읽을거리를 읽는 것은 누군가에게 ① 사람들이 자신의 행동을 평가하기 위해 사용하는 적절한 감정규범을 확인하는 데, ② 감정규범에 순응하기 위해 사용할 수 있는 일련의 표면 연기와 심층 연기 전략을 마음속에서 구상하는 데, ③ 감정규범을 변화시키기 위한 주장을 펼치는 데 이용할 수 있는 더 나은 장비들을 갖출 수 있게 해줄 것이다. 제3장에 따르면, 그러한 기술들은 순전히 자기 자신만의 목적을 위해 부정직하게 사용될 수도 있다. 다른 한편 (그리고 사실이기를 바라는 것으로) 그러한 기술들은 선의로 사용될 수도 있다.

이를테면 당신이 당신의 실망이나 사랑을 가족 성원들에게 전달하기를 바란다고 가정해보자. 잠재적 표면 연기 전략(이를테면 말, 목소리 톤, 얼굴표정, 옷)과 (인지적·신체적·표출적) 심층 연기 전략에 대해 좀 더 엄밀하게 인식하는 것은 당신이 개인적 관계를 조절할 때 당신이 보다 창조적이고 철저하고 효과적이도록 도와줄 수 있다. 유사하게 누군가는 이어서 나의 여섯 번째 논점이 설명하듯이 감정사회학의 개념적 장치에 의지함으로써 업무 중에 스트레스 받는 상황을 분석하여 그 스트레스에 더 효과적으로 대처할 수도 있다.

직업 경로 준비하고 심화하기

일자리 웹사이트(이를테면 Indeed.com이나 Monster.com)의 검색 엔진에 '감정사회학'을 입력할 경우, 당신은 도움이 되는 결과를 거의 찾아볼 수 없을 것이다. 유사한 키워드를 지역신문의 '구인광고'에서 찾는 것은 훨씬 더 그러할 것이다. 언뜻 보기에는 어느 누구도 이 주제에 대한 전문지식을 가진 개인을 고용하지 않을 것으로 보인다.

하지만 감정사회학에 대해 배우는 것이 일자리 시장에서 유리할 수 있는 이유로는 적어도 두 가지가 있다. 그것은 당신이 ① 손에 넣을 수 있는 직업과 ② 그 직업 내에서 성공하기 위해 필요한 것에 더욱 정통해지는 데 도움을 줄 수 있다.

많은 사람(특히 대학생)이 자신들이 살면서 하기를 원하는 것을 정확히 알지 못한다. 감정노동에 대한 문헌들을 읽는 것은 특정한 직업에 수반되는 일상적 관심과 활동을 잠깐 동안 매우 흥미롭게 들여다볼 수 있게 해준다. 이를테면 형사에 대한 스텐로스와 클라인먼(Stenross and Kleinman 1989)의 연구를 처음 읽을 때, 나는 (좀처럼 텔레비전 드라마에서는 보여주지 않는) 지루한 보고서 작성에 끌렸다. 나는 범죄 피해자들을 위로하는 일이 어렵다는 사실은 예견했지만, 피해자들이 형사들에게 자신의 직무 수행 방식을 말함으로써, 불완전하고 부정확한 정보를 제공함으로써, 법정에 출두하지 않음으로써, 감사표현을 제대로 하지 않음으로써 부가적인 감정노동을 요구할 수 있다는 것을 배우리라고는 예상하지 못했다. 이 모든 행위가 욕구불만을 억누르고 피해자들을 더욱 도울 필요성을 증가시킴으로써 형사의 일을 더 어렵게 하는 경향이 있다.

내가 이 실례를 자세히 이야기함으로써 독자들에게 과잉일반화를 하게 하려는 것은 아니다. 즉, 하나의 연구가 어떤 직업의 모든 차원을 포착할 수는 없으며, 경험은 노동자들마다 다르다. 하지만 감정노동에 관한 사례연구를 읽는 것은 오직 텔레비전을 통해 직업에 대해 안내받는 것보다 분명 훨씬 더 나을 것이다. 추가적인 독서는 직업에 대한 누군가의 이해를 보충하고 어떤 학생이 고려하고 있는 상이한 진로들을 비교할 수 있게 해줄 수 있다. 특정 직업을 탐구하거나 특정 직업에서 두각을 드러내기를 원하는 사람들의 경우에는 감정사회학자들이 그 직업(그리고 유사한 직업)에 대해 생산한 문헌들을 읽는 것이 현명할 것이다. 그러한 연구들 ─ 자주 그 직업에 종사하는 많은 사람과의 인터뷰에 기초하고 있는 ─ 은 보통 노동자들이 반복적으로 직면하는 고충을 이겨내기 위해 사용하는 감정관리 전략들을 밝혀내기 위한 시도를 한다. 그러한 정보는 매우 유익하고 실제적이다.

또한 제5장의 연습문제 2번을 상기해보자. 거기서 나는 독자들에게 진로 선택에 대해 배우는 하나의 방법으로 정보 인터뷰를 수행하라고 권고했다. 수업 과제의 일부로 (또는 자발적으로) 감정노동에 관해 사람들과 인터뷰하는 것은 어떤 직업의 일상적 업무관행(그리고 요구)을 다른 직업과 비교하여 흥미롭게 통찰할 수 있게 해준다. 감정노동은 자주 당연한 것으로 간주되기 때문에, 마틴(Martin 2005: 212)이 성폭력 관련 노동자들에게서 발견했듯이, 노동자들은 자신의 직업의 감정적 요구에 대처할 준비가 되어 있지 못하기도 한다. 그에 따르면, "자신의 직업의 도구적 과업을 훈련받은 내과 의사, 간호사, 검사, 경찰관, 피고측 변호사, 그리고 심지어는 피해자 대변자들도 아주 사사로운 방식으로 폭행을 당해 정신적 외상을 입은 개인들의 감정에 대해서는 좀처럼 준비되어 있지 않았다. 그들은 성폭력 피해자를 대하는 방법도, 그리고 그녀와 그녀의 경험에 반응하는 방식도 알지 못했다". 많은 다른 직업에서 일어나는 감정적 요구에 대해서도 똑같은 것을 동일하게 또는 좀 덜한 정도로 말할 수 있을 것이다. 따라서 당신은 당신이 종사하고 싶어 하는 직업의 경로에 대해 감정사회학자들이 써놓은 문헌들을 읽음으로써 상당한 양의 예지와 인식을 얻을 수 있을 것이다.

불평등 이해하기

많은 학생이 사회정의에 대한 사회학의 관심 때문에 사회학에 끌린다. 사회학의 역사 내내 비록 모든 학자는 아니지만 대부분의 학자가 사회적 불평등의 부정적 결과에 대해 이해하고(하거나) 개선하는 것에 관심을 드러내왔다. 사회계층에 관한 강좌들은 명시적으로 불평등 문제를 다루지만, 다른 주제에 초점을 맞추고 있는 강좌들 역시 그러하다. 사회학적 연구의 어떤 주제 ─ 범죄, 교육, 가족, 이주 ─ 는 다른 형태의 불균형 중에서도 특히 젠더, 인종, 계급의 불평등을 다루는 경향이 있다. 흥미롭게도 사회학 명예학생 단체인 알파 카파 델타Alpha Kappa Delta는 타인을 섬기는 일에 대한 확고한 헌신을 요구한다.[1]

우리가 제2장과 제5장에서 살펴보았듯이, 감정이라는 주제는 사회적 불평등과 아주 분명하게 연결되어 있다. 여성, 유색 인종 노동자, 그리고 낮은 '지위 보호물'을 가진 사람들은 자주 다른 사람들보다 더 많은 감정노동을 수행할 것을 요구받는다. 감정노동자들은 고용주가 정한 감정규범에 순응하고, 회사가 요구하는 표면 연기와 심층 연기 전략 교육에 임해야만 한다("항상 미소 짓는 것을 잊지 마라!", "손님은 항상 옳다!"). 친족 노동 형태의 부불노동도 불평등하게 배분되어 있다. 왜냐하면 여성들이 가족 가운데 어리거나 연로한 성원들을 더 양육하고 돌보기 때문이다.

감정사회학 책을 더 읽는다면, 당신은 감정과 불평등의 교차에 관한 또 다른 사례들을 접할 수 있을 것이다. 슈발베와 그의 동료들(Schwalbe et al. 2000)은 예속자들이 현상現狀에 도전하는 것을 막기 위해 엘리트들이 자주 감정을 조작한다고 주장했다. 성공을 고된 노동과 재능의 덕분으로 생각하도록 고무 받은 사람들은 부와 가족관계를 통해 엄청난 이익을 물려받은 사람들에게 화를 덜 느끼거나 화를 덜 표출할 가능성이 많다. 그러한 노동자들은 그러한 불균형에 초점을 맞추기는커녕 단지 "더 열심히 노력"하고 또 어떠한 성공도 하지 못한 것에 대해 자기 자신을 비난한다. 수치심과 다른 부정적 감정들은 빈번히 사회계급의 결과를 방기한다. 따라서 감정에 대한 주의 깊은 고려는 도표와 통계치가 보여주는 "차갑고 엄격한 사실"을 넘어 불평등의 주관적 경험을 해명해줄 수 있다(또한 Clark 1997, ch. 7; Collins 2000을 보라).

결론

이 장에서 나는 감정사회학을 공부함으로써 얻을 수 있는 일곱 가지의 이득을 개관했다. 나는 독자들이 나의 목록을 최종적 발언이라기보다는 대화의 출발점으로 삼기를 바란다. 이 책을 읽은 후에 이러한 논점들을 보강할 수 있는 (또는 그 논점들에 도전하는) 주장과 사례들을 머릿속에 그리기가 상대적으로 쉬워졌기를 바란다.

모든 사람이 감정사회학을 즐기지는 않을 것이고 또 그럴 필요도 없다. 그러나 감정사회학의 매력을 맛본 사람들에게 감정의 사회적 차원을 공부하는 것은 대단히 흥미진진하고 적실하고 유용하고 또 도덕적인 노력으로 다가올 것이다.

주

1   http://alphakappadelta.org를 보라.

참고문헌

Albas, C. and D. Albas. 1988a. "Aces and Bombers: The Post-Exam Impression Management Strategies of Students." *Symbolic Interaction* 11(2): 289~302.

Albas, C. and D. Albas. 1988b. "Emotion Work and Emotion Rules: The Case of Exams." *Qualitative Sociology* 11: 259~274.

Adler, P. A. and P. Adler. 2011. *The Tender Cut: Inside the Hidden World of Self-Injury*. New York: NYU Press.

Arluke, A. 1998. "Managing Emotions in an Animal Shelter." pp. 254~266 in *Inside Social Life*(2nd Edition), edited by S. Cahill. Los Angeles: Roxbury.

Ash, M. K. 1984. *Mary Kay on People Management*. New York: Warner Books.

Ashkanasy, N. and C. S. Daus. 2002. "Emotion in the Workplace: The New Challenge for Managers." *Academy of Management Executive* 16(1): 76~86.

Averill, J. R. 1974. "An Analysis of Psychophysiological Symbolism and Its Influence on Theories of Emotion." *Journal for the Theory of Social Behaviour* 4(2): 147~190.

Bachen, C. M. and E. Illouz. 1996. "Imagining Romance: Young People's Cultural Models of Romance and Love." *Critical Studies in Mass Communication* 13(4): 279~308.

Barrett, L. F. 2006. "Solving the Emotion Paradox: Categorization and the Experience of Emotion." *Personality and Social Psychology Review* 10: 20~46.

Bellas, M. L. 1999. "Emotional Labor in Academia: The Case of Professors." *Annals of the American Academy of Political and Social Science* 561: 96~110.

Bellas, M. L. 2001. "The Gendered Nature of Emotional Labor in the Workplace." pp. 269~278 in *Gender Mosaics*, edited by D. Vannoy. Los Angeles: Roxbury.

Berns, N. 2011. *Closure: The Rush to End Grief and What It Costs Us*.

Philadelphia, PA: Temple University Press.

Berger, P. 1963. *Invitation to Sociology*. Garden City, NY: Anchor Books.

Best, J. and F. Furedi. 2001. "The Evolution of Road Rage in Britain and the United States." pp. 107~127 in *How Claims Spread: Cross-National Diffusion of Social Problems*. New York: Aldine de Gruyter.

Blau, P. M. 1964. *Exchange and Power in Social Life*. New York: Wiley.

Bloch, C. 2012. *Passion and Paranoia: Emotions and the Culture of Emotion in Academia*. Burlington, VT: Ashgate.

Blumer, H. 1969. *Symbolic Interactionism: Perspective and Method*. Englewood Cliffs, NJ: Prentice-Hall.

Briggs, J. L. 1970. *Never in Anger: Portrait of an Eskimo Family*. Cambridge, MA: Harvard University Press.

Cahill, S. E. 1999. "Emotional Capital and Professional Socialization: The Case of Mortuary Science Students (and Me)." *Social Psychology Quarterly* 62(2): 101~116.

Cahill, S. E. and R. Eggleston. 1994. "Managing Emotions in Public: The Case of Wheelchair Users." *Social Psychology Quarterly* 57: 300~312.

Cain, S. 2012. *Quiet: The Power of Introverts in a World that Can't Stop Talking*. New York: Crown.

Chandler, A. 2012. "Self-Injury as Embodied Emotion Work: Managing Rationality, Emotions and Bodies." *Sociology* 46(3): 442~457.

Clanton, G. 1989. "Jealousy in American Culture, 1945~1985: Reflections from Popular Literature." pp. 179~193 in *The Sociology of Emotions: Original Essays and Research Papers*, edited by D. D. Franks and E. D. McCarthy. Greenwich, CT: JAI.

Clanton, G. 2006. "Jealousy and Envy." pp. 410~442 in *Handbook of the Sociology of Emotions*, edited by J. H. Turner and J. E. Stets. New York: Springer.

Clark, C. 1987. "Sympathy Biography and Sympathy Margin." *American Journal of Sociology* 93(2): 290~321.

Clark, C. 1997. *Misery and Company: Sympathy in Everyday Life*. Chicago: University of Chicago Press.

Clark, C. 2002. "Taming the 'Brute Being': Sociology Reckons with Emotionality." pp. 155~182 in *Postmodern Existential Sociology*, edited by J. A. Kotarba and J.M. Johnson. Walnut Creek, CA: AltaMira.

Clark, C. 2004. "Emotional Gifts and 'You First' Micropolitics: Niceness in the

Socioemotional Economy." pp. 402~421 in *Feelings and Emotions: The Amsterdam Symposium*, edited by A .S. R. Manstead, N. Frijda and A. Fischer. New York: Cambridge University Press.

Collins, R. 2000. "Situational Stratification: A Micro-Macro Theory of Inequality." *Sociological Theory* 18: 17~43.

Copp, M. 1998. "When Emotion Work Is Doomed to Fail: Ideological and Structural Constraints on Emotion Management." *Symbolic Interaction* 21: 299~328.

Cosmides, L. and J. Tooby. 2000. "Evolutionary Psychology and the Emotions." pp. 91~115 in *Handbook of Emotions*, edited by M. Lewis and J. M. Haviland-Jones. New York: Guilford.

Coupland, C., A. D. Brown, K. Daniels and M. Humphreys. 2008. "Saying It with Feeling: Analysing Speakable Emotions." *Human Relations* 61(3): 327~353.

Davidson, J., L. Bondi and M. Smith. (editors). 2005. *Emotional Geographies*. Burlington, VT: Ashgate.

Davis, J. E. 2012. "Emotions as Commentaries on Cultural Norms." *The Emotions and Cultural Analysis*, edited by A.M. Gonzalez. Burlington, VT: Ashgate.

Delaney, K. J. 2012. *Money at Work: On the Job with Priests, Poker Players, and Hedge Fund Traders*. New York: NYU Press.

Derks, D., A. H. Fischer and A. E. R. Bos. 2008. "The Role of Emotion in Computer-Mediated Communication: A Review." *Computers in Human Behavior* 24(3): 766~785.

Derné, S. 1994. "Structural Realities, Persistent Dilemmas, and the Construction of Emotional Paradigms: Love in Three Cultures." pp. 281~308 in *Social Perspectives on Emotion*, edited by W. M. Wentworth and J. Ryan. Greenwich, CT: JAI.

Deshotels, T. and C. J. Forsyth. 2006. "Strategic Flirting and the Emotional Tab of Exotic Dancing." *Deviant Behavior* 27(2): 223~241.

Deutsch, F. M. 1999. *Halving It All: How Equally Shared Parenting Works*. Cambridge, MA: Harvard.

Devault, M. 1991. *Feeding the Family*. Chicago: University of Chicago Press.

Edwards, D. 1999. "Emotion Discourse." *Culture & Psychology* 5(3): 271~291.

Ellis, C. 1991. "Sociological Introspection and Emotional Experience." *Symbolic Interaction* 14(1): 23~50.

Ellis, C. and L. Irvine. 2010. "Reproducing Dominion: Emotional Apprenticeship in the 4-H Youth Livestock Program." *Society and Animals* 18: 21~39.

Emanatian, M. 1995. "Metaphor and the Expression of Emotion: The Value of Cross-Cultural Perspectives." *Metaphor and Symbolic Activity* 10: 163~182.

Emerson, J. P. 2001. "Behavior in Private Places: Sustaining Definitions of Reality in Gynecological Examinations." pp. 265~278 in *The Production of Reality* (3rd Edition), edited by J. O'Brien and P. Kollock. Thousand Oaks, CA: Pine Forge Press.

Enarson, E. 1993. "Emotion Workers on the Production Line: The Feminizing of Casino Card Dealing." *NWSA Journal* 5: 218~232.

Erickson, R. J. and M. D. Cottingham. 2014. "Emotions and Families." pp. 359~383 in *Handbook of the Sociology of Emotions: Volume II*, edited by J. E. Stets and J. H. Turner. New York: Springer.

Erickson, R. J. and W. J. C. Grove. 2008. "Emotional Labor and Health Care." *Sociology Compass* 2: 704~733.

Evans, L. 2013. *Cabin Pressure: African American Pilots, Flight Attendants, and Emotional Labor.* Lanham, MD: Rowman and Littlefield.

Feagin, J. R. 2010. *Racist America: Roots, Current Realities, and Future Reparations* (2nd Edition). New York: Routledge.

Ferris, K. O. and S. R. Harris. 2011. *Stargazing: Celebrity, Fame, and Social Interaction.* New York: Routledge.

Fine, G. A., B. Montemurro, B. Semora, M. C. Stalp, D. S. Claussen and Z. Sierra. 1998. "Social Order through a Prism: Color as a Collective Representation." *Sociological Inquiry* 68(4): 443~457.

Francis, L. E. 1994. "Laughter, the Best Mediation: Humor as Emotion Management in Interaction." *Symbolic Interaction* 17(2): 147~163.

Franks, D. 1994. "The Etymology of Emotion." pp. 38~41 in *Sociology of Emotions: Syllabi and Instructional Material*, edited by C. G. Valentine and S. Derne. Washington, D. C.: American Sociological Association.

Franks, D. 2014. "Emotions and Neurosociology." pp. 267~281 in *Handbook of the Sociology of Emotions: Volume II*, edited by J. E. Stets and J. H. Turner. New York: Springer.

Gallmeier, C. P. 1987. "Putting on the Game Face: The Staging of Emotions in Professional Hockey." *Sociology of Sport Journal* 4: 347~362.

Goddard, C. 2002. "Explicating Emotions across Languages and Cultures: A

Semantic Approach." pp. 19~53 in *The Verbal Communication of Emotion: Interdisciplinary Perspectives*, edited by S. R. Fussell. Mahwah, NJ: Lawrence Erlbaum.

Goffman, E. 1952. "On Cooling the Mark Out: Some Aspects of Adaptation to Failure." *Psychiatry* 15(4): 451~463.

Goffman, E. 1959. *The Presentation of Self in Everyday Life*. New York: Doubleday.

Goffman, E. 1963. *Behavior in Public Places*. New York: Free Press.

Gordon, S. L. 1989. "The Socialization of Children's Emotions: Emotional Culture, Competence, and Exposure." pp. 319~349 in *Children's Understanding of Emotion*, edited by C. Saarni and P. L. Harris. New York: Cambridge University Press.

Goodrum, S. 2008. "When the Management of Grief Becomes Everyday Life: The Aftermath of Murder." *Symbolic Interaction* 31(4): 422~442.

Goodrum, S. and M. C. Stafford. 2003. "The Management of Emotions in the Criminal Justice System." *Sociological Focus* 36: 179~196.

Gouldner, A. W. 1973. *For Sociology: Renewal and Critique in Sociology Today*. New York: Basic Books.

Grandey, A. A., J. M. Diefendorff and D. E. Rupp. 2013. *Emotional Labor in the 21st Century: Diverse Perspectives on Emotion Regulation at Work*. New York: Routledge.

Gubrium, J. F. 1989. "Emotion Work and Emotive Discourse in the Alzheimer's Disease Experience." *Current Perspectives on Aging and the Life Cycle* 5: 243~268.

Gubrium, J. F. 1992. *Out of Control: Family Therapy and Domestic Disorder*. Newbury Park, CA: Sage.

Gubrium, J. F. and J. A. Holstein. 1990. *What Is Family?* Mountain View, CA: Mayfield.

Gubrium, J. F. and J. A. Holstein. 2009. "The Everyday Work and Auspices of Authenticity." pp. 121~138 in *Authenticity in Culture, Self, and Society*, edited by P. Vannini and P. Williams. Farnham: Ashgate.

Guy, M. E. and M. A. Newman. 2004. "Women's Jobs, Men's Jobs: Sex Segregation and Emotional Labor." *Public Administration Review* 64: 289~298.

Hallet, T. 2003. "Emotional Feedback and Amplification in Social Interaction." *Sociological Quarterly* 44(4): 705~726.

Harlow, R. 2003. "'Race Doesn't Matter, but...': The Effect of Race on Professors' Experiences and Emotion Management in the Undergraduate College Classroom." *Social Psychology Quarterly* 66(4): 348~363.

Harré, R. 1992. "The Discursive Creation of Human Psychology." *Symbolic Interaction* 15(4): 515~527.

Harré, R. and R. Finlay-Jones. 1986. "Emotion Talk across Times." pp. 220~233 in *The Social Construction of Emotions*, edited by R. Harré. Oxford: Blackwell.

Harris, S. R. 1997. "Status Inequality and Close Relationships: An Integrative Typology of Bond-Saving Strategies." *Symbolic Interaction* 20: 1~20.

Harris, S. R. 2010. *What Is Constructionism? Navigating Its Use in Sociology.* Boulder, CO: Lynne Rienner.

Harris, S. R. 2014. *How to Critique Journal Articles in the Social Sciences.* Los Angeles, CA: Sage.

Harris, S. R. and K. O. Ferris. 2009. "How Does It Feel to Be a Star? Identifying Emotion on the Red Carpet." *Human Studies* 32(2): 133~152.

Haski-Leventhal, D. 2009. "Altruism and Volunteerism: The Perceptions of Altruism in Four Disciplines and Their Impact on the Study of Volunteerism." *Journal for the Theory of Social Behaviour* 39(3): 271~299.

Hatfield, E. 2009. "Equity Theory." pp. 535~537 in *Encyclopedia of Human Relationships*, edited by H. Reis and S. Sprecher. Thousand Oaks, CA: Sage.

Hatfield, E., Rapson, R. L. and Aumer-Ryan, K 2008. "Social Justice in Love Relationships: Recent Developments." *Social Justice Research* 21: 413~431.

Heelas, P. 1986. "Emotion Talk across Cultures." pp. 234~266 in *The Social Construction of Emotions*, edited by R. Harré. Oxford: Blackwell.

Hegtvedt, K. A. and C. L. Parris. 2014. "Emotions in Justice Processes." pp. 103~125 in *Handbook of the Sociology of Emotions: Volume II*, edited by J. E. Stets and J. H. Turner. New York: Springer.

Hochschild, A. R. 1979. "Emotion Work, Feeling Rules, and Social Structure." *American Journal of Sociology* 85(3): 551~575.

Hochschild, A. R. 1983. *The Managed Heart: Commercialization of Human Feeling.* Berkeley, CA: University of California Press.

Hochschild, A. R. 2003. *The Commercialization of Intimate Life: Notes from*

Home and Work. Berkeley, CA: University of California Press.

Hochschild, A. R. 2013. "Can Emotional Labor Be Fun?" Chapter 2 in *So Hows the Family? And Other Essays*. Berkeley, CA: University of California Press.

Holstein, J. A. and J. F. Gubrium. 1995. *The Active Interview*. Thousand Oaks, CA: Sage.

Holyfield, L. and L. Jonas. 2003. "From River God to Research Grunt: Identity, Emotions, and the River Guide." *Symbolic Interaction* 26(2): 285~306.

Homans, G. C. 1958. "Social Behavior as Exchange." *American Journal of Sociology* 63: 597~606.

Howard, C., K Tuffin and C. Stephens. 2000. "Unspeakable Emotion: A Discoursive Analysis of Police Talk about Reactions to Trauma." *Journal of Language and Social Psychology* 19(3): 295~314.

Humphrey, R. H. 2012. "How Do Leaders Use Emotional Labor?" *Journal of Organizational Behavior* 33: 740~744.

Illouz, E. 2012. *Why Love Hurts: A Sociological Explanation*. Cambridge: Polity.

Izard, C. E. 2010. "The Many Meanings/Aspects of Emotion: Definitions, Functions, Activation, and Regulation." *Emotion Review* 2(4):363~370.

James, W.1884. "What Is an Emotion?" *Mind* 9: 188~205.

Kalat, J. W. and M. N. Shiota. 2007. *Emotion*. Belmont, CA: Wadsworth.

Kang, M. 2003. "The Managed Hang: The Commercialization of Bodies and Emotions in Korean Immigrant-Owned Nail Salons." *Gender & Society* 17(6): 820~839.

Katz, J. 1988. *Seductions of Crime: Moral and Sensual Attractions of Doing Evil*. New York: Basic Books.

Kemper, T. D. 2000. "Social Models in the Explanation of Emotions." pp. 45~58 in *Handbook of Emotions*, edited by M. Lewis and J. M. Haviland-Jones. New York: Guilford.

Kolb, K. H. 2011. "Sympathy Work: Identity and Emotion Management Among Victim Advocates and Counselors." *Qualitative Sociology* 34: 101~119.

Kolb, K. H. 2014a. "Emotional Subcultures." *Sociology Compass* 8(11): 1229~1241.

Kolb, K. H. 2014b. *Moral Wages: The Emotional Dilemmas of Victim Advocacy and Counseling*. Oakland, CA: University of California Press.

Konradi, A. 1999. "'I Don't Have to Be Afraid of You': Rape Survivors' Emotion Management in Court." *Symbolic Interaction* 22(1): 45~77.

Kotchemidova, C. 2005. "From Good Cheer to 'Drive-by Smiling': A Social History of Cheerfulness." *Journal of Social History* 39(1): 5~37.

Kövecses, Z. 2000. *Metaphor and Emotion: Language, Culture, and Body in Human Feeling.* New York: Cambridge University Press.

Lakoff, G. and M. Johnson. 1980. *Metaphors We Live By.* Chicago: University of Chicago Press.

Lawler, E. J. and S. R. Thye. 1999. "Bringing Emotions into Social Exchange Theory." *Annual Review of Sociology* 25: 217~244.

Leidner, R. 1993. *Fast Food, Fast Talk: The Routinization of Everyday Life.* Berkeley, CA: University of California Press.

Leidner, R. 1999. "Emotional Labor in Service Work." *Annals of the American Academy of Political and Social Science* 561: 81~95.

Lerum, K. 2001. "'Precarious Situations' in a Strip Club: Exotic Dancers and the Problem of Reality Maintenance." pp. 279~287 in *The Production of Reality* (3rd Edition), edited by J. O'Brien and P. Kollock. Thousand Oaks, CA: Pine Forge Press.

Lively, K. J. 2006. "Emotions in the Workplace." pp. 569~590 in *Handbook of the Sociology of Emotions*, edited by J. H. Turner and J. E. Stets. New York: Springer.

Lively, K. J. 2013. "Social and Cultural Influencers: Gender Effects on Emotional Labor at Work and at Home." pp. 223~249 in *Emotional Labor in the 21st Century: Diverse Perspectives on Emotion Regulation at Work*, edited by A. A. Grandey, J. M. Diefendorff and D. E. Rupp. New York: Routledge.

Lively, K. J. and D. R. Heise. 2014. "Emotions in Affect Control Theory." pp. 51~75 in *Handbook of the Sociology of Emotions: Volume II*, edited by J.E . Stets and J. H. Turner. New York: Springer.

Liu, C. 2003. "Does Quality of Marital Sex Decline with Duration?" *Archives of Sexual Behavior* 32(1): 55~60.

Locke, A. 2003. "'If I'm Not Nervous, I'm Worried, Does that Make Sense?' The Use of Emotion Concepts by Athletes in Accounts of Performance." *Forum: Qualitative Social Research* 4(1).

Lofland, L. H. 1985. "The Social Shaping of Emotion: The Case of Grief" *Symbolic Interaction* 8: 171~190.

Lois, J. 2001. "Managing Emotions, Intimacy, and Relationships in a Volunteer Search and Rescue Group." *Journal of Contemporary Ethnography* 30:

131~179.

Lois, J. 2013. *Home Is Where the School Is: The Logic of Homeschooling and the Emotional Labor of Mothering.* New York: NYU Press.

Lopez, S. H. 2006. "Emotional Labor and Emotional Organized Care: Conceptualizing Nursing Home Care Work." *Work and Occupations* 33(2): 133~160.

Loseke, D. R. 2009. "Examining Emotion as Discourse: Emotion Codes and Presidential Speeches." *Sociological Quarterly* 50: 497~524.

Loseke, D. R. and M. Kusenbach. 2008. "The Social Construction of Emotion." pp. 511~529 in *Handbook of Constructionist Research*, edited by J. Gubrium and J. A. Holstein. New York: Guilford.

Lutz, C. A. 1988. *Unnatural Emotions: Everyday Sentiments on a Micronesian Atoll and their Challenges to Western Theory.* Chicago: University of Chicago Press.

Lutz, C. and G. M. White. 1986. "The Anthropology of Emotions." *Annual Review of Anthropology* 15: 405~436.

Martin, P. Y. 2005. *Rape Work: Victims, Gender, and Emotions in Organization and Community* Context. New York: Routledge.

Martin, S. E. 1999. "Police Force or Police Service? Gender and Emotional Labor." *Annals of the American Academy of Political and Social Science* 561: 111~126.

Matt, S. and P. N. Steams. (editors). 2014. *Doing Emotions History.* Chicago: University of Illinois Press.

Mayall, B. 1998. "Children, Emotions and Daily Life at Home and School." pp. 135~154 in Emotions and Social Life: Critical Themes and Contemporary Issues, edited by G. Bendelow and S. J. Williams. New York: Routledge.

McCarthy, E. D. 1989. "Emotions Are Social Things: An Essay in the Sociology of Emotions." pp. 51~72 in *The Sociology of Emotions: Original Essays and Research Papers*, edited by D. D. Franks and E. D. McCarthy. Greenwich, CT: Jai.

McNamee, S. J. and R. K. Miller. 2014. *The Meritocracy Myth*(3rd Edition). Lanham, MD: Rowman and Littlefteld.

Meanwell, E., J. D. Wolfe and T. Hallet. 2008. "Old Paths and New Directions: Studying Emotions in the Workplace." *Sociology Compass* 2: 537~559.

Meanwell, E. and S. Kleiner. 2014. "The Emotional Experience of First-Time

Teaching: Reflections from Graduate Instructors, 1997~2006." *Teaching Sociology* 42(1): 17~27.

Mears, A. and W. Finley. 2005. "Not Just a Paper Doll: How Models Manage Bodily Capital and Why They Perform Emotional Labor." *Journal of Contemporary Ethnography* 34(3): 317~343.

Mesquita, B. and E. Delvaux. 2013. "A Cultural Perspective on Emotional Labor." pp. 251~272 in *Emotional Labor in the 21st Century: Diverse Perspectives on Emotion Regulation at Work*, edited by A.A. Grandey, J. M. Diefendorff and D. E. Rupp. New York: Routledge.

Monahan, B. A. 2010. *The Shock of the News: Media Coverage and the Making of 9/11*. New York: New York University Press.

Montemurro, B. 2002. "'You Go Cause You Have to': The Bridal Shower as a Ritual of Obligation." *Symbolic Interaction* 25(1): 67~92.

Moon, D. 2005. "Emotion Language and Social Power: Homosexuality and Narratives of Pain in Church." *Qualitative Sociology* 28(4): 327~349.

Morris, P. 2012. "Managing Pet Owners' Guilt and Grief in Veterinary Euthanasia Encounters." *Journal of Contemporary Ethnography* 41(3): 337~365.

Musson, G. and K Marsh. 2008. "Homeworking: Managing the Emotional Boundaries of Telework." pp. 121~133 in *The Emotional Organization: Passions and Power*, edited by S. Fineman. Oxford: Blackwell.

Nelson, M. K. 2011. "Love and Gratitude: Single Mothers Talk about Men's Contributions to the Second Shift." pp. 100~111 in *At the Heart of Work and Family: Engaging the Ideas of Arlie Hochschild*, edited by A. I. Garey and K V. Hansen. New Brunswick, NJ: Rutgers.

Nomaguchi and A. Milkie. 2003. "Costs and Rewards of Children: The Effects of Becoming a Parent on Adults' Lives." *Journal of Marriage and Family* 65(2): 356~374.

Norgaard, K. M. 2006. "'People Want to Protect Themselves a Little Bit': Emotions, Denial, and Social Movement Nonparticipation." *Sociological Inquiry* 76: 372~396.

Peterson, G. 2006. "Cultural Theory and Emotions." pp. 114~134 in *Handbook of the Sociology of Emotions*, edited by J. H. Turner and J. E. Stets. New York: Springer.

Peterson, G. 2014. "Sports and Emotions." pp. 495~510 in *Handbook of the Sociology of Emotions: Volume II*, edited by J. E. Stets and J. H. Turner. New York: Springer.

Pierce, J. L. 1995. *Gender Trials: Emotional Lives in Contemporary Law Firms*. Berkeley: University of California Press.

Pierce, J. L. 1999. "Emotional Labor among Paralegals." *Annals of the American Academy of Political and Social Science* 561: 127~142.

Pogrebin, M. R. and Poole E. D. 2003. "Humor in the Briefing Room: A Study of the Strategic Uses of Humor Among Police." pp. 80~93 in *Qualitative Approaches to Criminal Justice*, edited by M. Pogrebin. Thousand Oaks, CA: Sage.

Pollak, L. H. and P. A. Thoits. 1989. "Processes in Emotional Socialization." *Social Psychology Quarterly* 52: 22~34.

Prus. R. 1989. *Making Sales: Influence as Interpersonal Accomplishment*. Newbury Park, CA: Sage.

Prus, R. 1996. *Symbolic Interaction and Ethnographic Research: Intersubjectivity and the Study of Human Lived Experience*. Albany, NY: SUNY.

Rafaeli, A. and R. I. Sutton. 1991. "Emotional Contrast Strategies as Means of Social Influence: Lessons from Criminal Interrogators and Bill Collectors." *Academy of Management Journal* 34(4): 749~775.

Ricketts, T. and A. Macaskill. 2003. "Gambling as Emotion Management: Developing a Grounded Theory of Problem Gambling." *Addiction Research and Theory* 11(6): 383~400.

Rigney, D. 2001. "Society as Legal Order." Chapter 5 in *The Metaphorical Society: An Invitation to Social Theory*. Lanham, MD: Rowman & Littlefield.

Roberts, A. and K. I. Smith. 2002. "Managing Emotions in the College Classroom: The Cultural Diversity Course as an Example." *Teaching Sociology* 30(3): 291~301.

Rodriguez, N. and A. Ryave. 2002. *Systematic Self-Observation*. Thousand Oaks, CA: Sage.

Rodriquez, J. 2011. "'It's a Dignity Thing': Nursing Home Care Workers' Use of Emotions." *Sociological Forum* 26(2): 265~286.

Rose, M. R., J. Nadler and J. Clark. 2006. "Appropriately Upset? Emotion Norms and Perceptions of Crime Victims." *Law and Human Behavior* 30(2): 203~219.

Rosenberg, M. 1990. "Reflexivity and Emotions." *Social Psychology Quarterly* 53: 3~12.

Rossner, M. and M. Meher. 2014. "Emotions in Ritual Theories." pp. 199~220 in

Handbook of the Sociology of Emotions: Volume II, edited by J. E. Stets and J. H. Turner. New York: Springer.

Russell, J. A. 1989. "Culture, Scripts, and Children's Understanding of Emotion." pp. 293~318 in *Children's Understanding of Emotion*, edited by C. Saarni and P. L. Harris. New York: Cambridge University Press.

Russell, J. A. 1991. "Culture and the Categorization of Emotions." *Psychological Bulletin* 110: 426~450.

Sallaz, J. J. 2002. "The House Rules: Autonomy and Interests Among Service Workers in the Contemporary Casino Industry." *Work and Occupations* 29(4): 394~427.

Sarkisian, N. and N. Gerstel. 2012. *Nuclear Family Values, Extended Family Lives*. New York: Routledge.

Schachter, S. and J. E. Singer. 1962. "Cognitive, Social, and Physiological Determinants of Emotional State." *Psychological Review* 69: 379~399.

Scheff, T .J. 1994. *Bloody Revenge: Emotions, Nationalism, and War*. Boulder, CO: Westview Press.

Scheff, T. J. 2014. "A Retrospective Look at Emotions." pp. 245~266 in *Handbook of the Sociology of Emotions: Volume II*, edited by J.E. Stets and J. H. Turner. New York: Springer.

Scheper-Hughes, N. 1992. *Death without Weeping: The Violence of Everyday Life in Brazil*. Berkeley, CA: University of California.

Schrock, D. and B. Knop. 2014. "Gender and Emotions." pp. 411~428 in *Handbook of the Sociology of Emotions: Volume II*, edited by J. E. Stets and J. H. Turner. New York: Springer.

Schwalbe, M., S. Godwin, D. Holden, D. Schrock, S. Thompson and M. Wolkomir. 2000. "Generic Processes in the Reproduction of Inequality: An Interactionist Analysis." *Social Forces* 79: 419~452.

Schweingruber, D. and N. Berns. 2005. "Shaping the Selves of Young Salespeople through Emotion Management." *Journal of Contemporary Ethnography* 34: 679~706.

Schweingruber, D., S. Anahita and N. Berns. 2004. "'Popping the Question' when the Answer Is Known: The Engagement Proposal as Performance." *Sociological Focus* 37(2): 143~161.

Scott, M. B. and S. M. Lyman. 1968. "Accounts." *American Sociological Review* 33: 46~62.

Scott, C. and K. K. Myers. 2005. "The Socialization of Emotion: Learning

Emotion Management at the Fire Station." *Journal of Applied Communication Research* 33(1): 67~92.

Sharp, S. 2010. "How Does Prayer Help Manage Emotions?" *Social Psychology Quarterly* 73(3): 417~437.

Simon, R. W., D. Eder and C. Evans. 1992. "The Development of Feeling Norms Underlying Romantic Love among Adolescent Females." *Social Psychology Quarterly* 55: 29~46.

Sinden, J. L. 2010. "The Normalization of Emotion and the Disregard of Health Problems in Elite Amateur Sport." *Journal of Clinical Sport Psychology* 4: 241~256.

Smith, A. C. III and S. Kleinman. 1989. "Managing Emotions in Medical School." *Social Psychology Quarterly* 52: 56~69.

Snyder, E. E. 1990. "Emotion and Sport: A Case Study of Collegiate Women Gymnasts." *Sociology of Sport Journal* 7: 254~270.

Snyder, E. E. and R. Ammons. 1993. "Baseball's Emotion Work: Getting Psyched to Play." *Qualitative Sociology* 16: 111~132.

Stanton, A. 2014. "Islamic Emoticons: Pious Sociability and Community Building in Online Muslim Communities." pp. 80~98 in *Internet and Emotions*, edited by T. Benski and E. Fisher. New York: Routledge.

Staske, S. A. 1996. "Talking Feelings: The Collaborative Construction of Emotion in Talk between Close Relational Partners." *Symbolic Interaction* 19: 111~135.

Stein, M. 1989. "Gratitude and Attitude: A Note on Emotional Welfare." *Social Psychology Quarterly* 52(3): 242~248.

Stenross, B. and S. Kleinman. 1989. "The Highs and Lows of Emotional Labor: Detectives Encounters with Criminals and Victims." *Journal of Contemporary Ethnography* 17: 435~452.

Stets, J. E. and R. Trettevik. 2014. "Emotions in Identity Theory." pp. 33~49 in *Handbook of the Sociology of Emotions: Volume II*, edited by J. E. Stets and J.H. Turner. New York: Springer.

Stockard, J. 2002. *Marriage in Culture: Practice and Meaning across Diverse Societies.* New York: Harcourt.

Taylor, L. 2009. *Mourning Dress: A Costume and Social History.* New York: Routledge.

Thoits, P. A. 1985. "Self-Labeling Processes in Mental Illness: The Role of Emotional Deviance." *American Journal of Sociology* 91: 221~249.

Thoits, P. A. 1990. "Emotional Deviance: Research Agendas." pp. 180~203 in *Research Agendas in the Sociology of Emotions*, edited by T. D. Kemper. Albany, NY: SUNY.

Thoits, P. A. 1996. "Managing the Emotions of Others." *Symbolic Interaction* 19: 85~109.

Thoits, P. A. 2004. "Emotion Norms, Emotion Work, and Social Order." pp. 359~378 in *Feelings and Emotions: The Amsterdam Symposium*, edited by A. S. R. Manstead, N. Frijda and A. Fischer. New York: Cambridge University Press.

Tracy, S. J. 2005. "Locking Up Emotion: Moving Beyond Dissonance for Understanding Emotion Labor Discomfort." *Communication Monographs* 72: 261~283.

Tracy, S. J. and K. Tracy. 2009. "Emotional Labor at 911: A Case Study and Theoretical Critique." *Journal of Applied Communication Research* 26: 390~411.

Turner, J. H. 2011. *The Problem of Emotions in Societies*. New York: Routledge.

Turner, J. H. 2014. "The Evolution of Human Emotions." pp. 11~31 in *Handbook of the Sociology of Emotions: Volume II*, edited by J. E. Stets and J. H. Turner. New York: Springer.

Turner, J. H. and J. E. Stets. 2005. *The Sociology of Emotions*. New York: Cambridge University Press.

Turner, R. E., C. Edgley and G. Olmstead. 1975. "Information Control in Conversations: Honesty Is Not Always the Best Policy." *Kansas Journal of Sociology* 11(1): 69~89.

van Brakel, J. 1994. "Emotions: A Cross-Cultural Perspective on Forms of Life." *Social Perspectives on Emotion* 2: 179~237.

van Jaarsveld and Poster. 2013. "Call Centers: Emotional Labor over the Phone." pp. 153~173 in *Emotional Labor in the 21st Century: Diverse Perspectives on Emotion Regulation at Work*, edited by A. A. Grandey, J. M. Diefendorff and D. E. Rupp. New York: Routledge.

Wallace, A. F. C. and M. T. Carson. 1973. "Sharing and Diversity in Emotion Terminology." *Ethos* 1(1): 1~29.

Waller, W. 1937. "The Rating and Dating Complex." *American Sociological Review* 2(5): 727~734.

Walster, E., G. W. Walster and E. Berscheid. 1978. *Equity: Theory and*

Research. Boston: Allyn and Bacon.

Webster, (Jr.) M. and L. S. Walker. 2014. "Emotions in Expectation States Theory." pp. 127~153 in *Handbook of the Sociology of Emotions: Volume II*, edited by J. E. Stets and J. H. Turner. New York: Springer.

Weigert, A. J. 1991. *Mixed Emotions: Certain Steps toward Understanding Ambivalence*. Albany, NY: SUNY Press.

Wells, A. 1990. "Popular Music: Emotional Use and Management." *Journal of Popular Culture* 24(1): 105~117.

Whalen, J. and D. H. Zimmerman. 1998. "Observations on the Display and Management of Emotion in Naturally Occurring Activities: The Case of 'Hysteria' in Calls to 9-1-1." *Social Psychology Quarterly* 61: 141~159.

Wharton, A. S. 2009. "The Sociology of Emotional Labor." *Annual Review of Sociology* 35: 147~165.

Wierzbicka, A. 1999. *Emotions across Languages and Cultures: Diversity and Universals*. Cambridge: Cambridge University Press.

Wilkins, A.C. 2008. "'Happier than Non-Christians': Collective Emotions and Symbolic Boundaries among Evangelical Christians." *Social Psychology Quarterly* 71: 281~301.

Wilson, J. 2000. "Volunteering." *Annual Review of Sociology* 26: 215~240.

Wingfield, A. H. 2010. "Are Some Emotions Marked 'Whites Only'? Racialized Feeling Rules in Professional Workplaces." *Social Problems* 57: 251~268.

Witz, A., C. Warhurst and D. Nixon. 2003. "The Labour of Aesthetics and the Aesthetics of Organization." *Organization* 10(1): 33~54.

Wolkomir, M. 2001. "Emotion Work, Commitment, and the Authentication of the Self: The Case of Gay and Ex-Gay Christian Support Groups." *Journal of Contemporary Ethnography* 30: 305~334.

Wolkomir, M. and J. Powers. 2007. "Helping Women and Protecting the Self: The Challenge of Emotional Labor in an Abortion Clinic." *Qualitative Sociology* 30: 153~169.

Zurcher, L. A. 1970. "The 'Friendly' Poker Game: A Study of an Ephemeral Role." *Social Forces* 49(2): 173~186.

Zurcher, L. A. 1982. "The Staging of Emotion: A Dramaturgical Analysis." *Symbolic Interaction* 5: 1~22.

찾아보기

주제어

ㄱ

저서

책을 옮기고 나서

옮긴이는 이 책과 거의 동시에 이안 버킷의 『감정과 사회관계』를 번역하여 출간하면서, 사회학의 묵직한 감정사회학 학술서가 출간되지 않고 있는 것에 안타까움을 표하면서도 책의 난해함 때문에 옮긴이의 말에 그 책의 논지를 간략하게 요약하여 소개하기도 했다. 본격적인 연구서의 출간은 연구자들에게는 반가운 일이지만, 학문의 초심자나 일반 독자들이 그런 책에 접근하기란 녹록치 않다.

우리 학계와 일반인들 사이에서 감정사회학에 대한 관심이 일어난 것은 알리 혹실드의 『관리되는 마음: 인간 감정의 상업화』(번역서 제목으로는 『감정노동』)가 '뒤늦게' 우리말로 번역·출간되면서부터였던 것으로 생각된다. 하지만 좀 더 들여다보면, 사람들은 감정사회학이라는 사회학의 하위분과가 아니라 '감정노동'이라는 용어에 끌렸던 듯싶다. 그런 연유에서인지 우리 사회에서 감정노동자의 삶에 대한 관심이 일고 또 그들을 괴롭히는 못된 소비자들에 대한 비난까지 쏟아졌지만, 그리고 그 인기에 힘입어 혹실드의 또 다른 저작들이 번역되어 나왔지만, 정작 혹실드의 저작 의도, 그리고 그 책에서 그녀가 제시한 '감정규칙',

'감정관리', '감정작업', '표면 연기', '심층 연기' 등 중요한 감정사회학의 기본 개념들이 갖는 의미와 실천적 함의는 그리 많이 회자되지 않았다.

아마도 이것은, 이 책의 저자 스캇 해리스가 이 책을 시작하며 지적하듯이 혹실드가 『관리되는 마음』을 동료 학자들을 우선적 대상으로 하여 집필했지 학생이나 일반인들을 위해 쓴 것이 아니었기에, 독자들이 그 내용에 쉽게 접근하지 못했기 때문일 것이다. 따라서 해리스가 역설하듯이, 감정사회학이 우리의 삶과 세계를 이해하는 데서 갖는 많은 적실성에도 불구하고, 감정사회학은 학생 및 일반인들과는 너무나도 먼 거리에 있다. 해리스는 이 간극을 메우기 위해 혹실드가 『관리되는 마음』에서 제시한 핵심 개념을 중심축으로 설정하고 거기에 최근의 연구 성과들로부터 따온 사례들을 덧붙이는 방식으로 감정사회학 초심자를 위한 아주 간명하고 접근하기 쉬운 입문서를 세상에 내놓았다. 주변의 친숙한 사례를 예로 들며 딱딱한 학술 개념을 친절하게 설명하는 저자의 서술 방식에서 독자들에 대한 세심한 배려를 읽을 수 있다.

옮긴이 역시 감정사회학의 매력에 빠져 있고, 또 학생들에게 그 중요성을 강조함에도 불구하고 그들이 쉽게 감정사회학에 다가갈 수 있게 하기가 어려워 안타까웠다. 해리스와 같은 생각을 갖고 있던 옮긴이는 해리스가 보낸 감정사회학으로의 초대장에 번역작업으로 응했고, 이제 이 우리말 책으로 우리 독자들에게 초대장을 재발송한다. 이 초대에 응한 사람들은 아마도 (감정)사회학이라는 학문의 재미와 유용성을 실감하는 것은 물론 머릿속에 새로운 양식 — 한자로 糧食과 良識 모두 — 들이 쌓여가는 것을 스스로 느낄 수 있을 것이다.

하지만 이 책의 의도가 초심자들을 위한 조촐한 만찬을 준비하는 것이었던 만큼, 그간 심리학, 정신분석학, 신경과학, 역사학, 인류학 등에서 제출된 연구 성과는 물론 사회학과 문화연구에서 제출된 또 다른 감정사회학의 메뉴까지는 그 식탁에 올려놓지 않았다. 감정사회학에 유혹당한 독자들은 어쩌면 앞서 언급한 『감정과 사회관계』를 통해 이 책에서 느낀 '지적 허기'를 얼마간 채울 수 있을 것이다. 아무튼 옮긴이는 독자들이 이 책을 통해 감정사회학이라는 새로운 '렌즈'를 하나 더 가질 수 있기를 바랄 뿐이다.

옮긴이는 지금껏 많은 사회학 학술저서들을 우리말로 옮기는 작업을 해왔다. 옮긴이는 전문번역자가 아닌 연구자이기에 엄격한 번역, 그리고 학술논문식 표현과 글쓰기가 몸에 배어 있다. 이는 일반 독자들에게는 책읽기의 불편함을 초래할 수 있다. 이 책과 같이 사회학의 초심자나 일반인을 대상으로 하는 경우에서는 특히 더 그러할 것이다. 이 책의 노련한 편집 파트너인 신순남 씨는 독자들이 편안하게 책 읽기를 즐길 수 있도록 나를 대신하여 자신의 감정 소모를 마다하지 않았다. 디자인팀은 이 책에 걸맞은 예쁜 표지로 독자들이 산뜻한 기분으로 이 책과 마주할 수 있게 해주었다. 이 책에도 언급되어 있듯이, 고마움을 거듭 표현하는 것이 '감정적 일탈'일 수도 있지만, 항상 나의 편이 되어주는 김종수 사장님을 비롯한 출판사 식구들 모두에게 감사하다는 말을 다시 한 번 더 전한다.

2017년 겨울
창밖에 눈이 내리는 날
박형신

지은이

스캇 R. 해리스(Scott R. Harris)는 세인트루이스 대학교 사회학 교수이다. 그는 그곳에서 감정, 가족, 연구방법, 사회심리학, 현대이론에 관한 강좌를 맡아 가르치고 있다. 주요 저서로는 *What Is Constructionism?*(상징적 상호작용 연구회로부터 쿨리상 수상), *How to Critique Journal Articles in the Social Sciences*가 있다. 그는 또한 조엘 베스트(Joel Best)와 공동으로 *Making Sense of Social Problems*를 편집했고, 케리 페리스(Kerry Ferris)와 *Stargazing: Celebrity, Fame, and Social Interaction*을 공동으로 집필했다. 현재 학술잡지 *Sociology Compass*의 편집장을 맡고 있다.

옮긴이

박형신은 고려대학교 대학원 사회학과에서 석사와 박사 학위를 취득했다. 그간 강원대학교 사회과학연구소 연구교수, 고려대학교 인문대학 사회학과 초빙교수 등을 지냈다. 지금은 다시 연세대학교 사회발전연구소 연구교수로 일하고 있다. 지은 책으로는 『정치위기의 사회학』, 『감정은 사회를 어떻게 움직이는가』(공저), 『열풍의 한국사회』(공저), 『향수 속의 한국사회』(공저) 등이 있고, 옮긴 책으로는 『사회학적 야망』, 『탈감정사회』, 『감정과 사회』, 『감정적 자아』, 『감정과 사회관계』 등이 있다.

한울아카데미 2047

감정사회학으로의 초대

지은이 스캇 R. 해리스
옮긴이 박형신
펴낸이 김종수
펴낸곳 한울엠플러스(주)
편집 신순남

초판 1쇄 인쇄 2017년 12월 18일
초판 1쇄 발행 2017년 12월 28일

주소 10881 경기도 파주시 광인사길 153 한울시소빌딩 3층
전화 031-955-0655
팩스 031-955-0656
홈페이지 www.hanulmplus.kr
등록번호 제406-2015-000143호

Printed in Korea.
ISBN 978-89-460-7047-9 93300(양장)
        978-89-460-6417-1 93300(학생판)

※ 책값은 겉표지에 표시되어 있습니다.
※ 이 책은 강의를 위한 학생판 교재를 따로 준비했습니다.
   강의 교재로 사용하실 때에는 본사로 연락해주십시오.